O pão no deserto

Dados Internacionais de Catalogação na Publicação (CIP)
(Câmara Brasileira do Livro, SP, Brasil)

Merton, Thomas, 1915-1968
 O pão no deserto / Thomas Merton ; com apresentação de Dom Estêvão Bettencourt ; traduzido pelas Monjas do Mosteiro da Virgem, Petrópolis. – 4. ed. – Petrópolis, RJ : Vozes, 2024. –
(Série Clássicos da Espiritualidade)

 Título original: Bread in the wilderness

 ISBN 978-85-326-6736-6

 1. Bíblia. A.T. Salmos – Crítica, interpretação etc. 2. Igreja Católica – Doutrinas 3. Vida espiritual – Igreja Católica I. Bettencourt, Dom Estêvão. II. Título. III. Série.

24-195053 CDD-248.3

Índices para catálogo sistemático:

1. Salmos : Bíblia : Antigo Testamento : Cristianismo 248.3
Cibele Maria Dias – Bibliotecária – CRB-8/9427

Thomas Merton

O pão no deserto

Apresentação de Dom Estêvão Bettencourt, OSB

Traduzido pelas Monjas do
Mosteiro da Virgem, Petrópolis

© 1953 Our Lady of Gethsemani Monastery

Tradução do original em inglês intitulado *Bread in the Wilderness*

Direitos de publicação em língua portuguesa – Brasil:
2008, 2024, Editora Vozes Ltda.
Rua Frei Luís, 100
25689-900 Petrópolis, RJ
www.vozes.com.br
Brasil

Todos os direitos reservados. Nenhuma parte desta obra poderá ser reproduzida ou transmitida por qualquer forma e/ou quaisquer meios (eletrônico ou mecânico, incluindo fotocópia e gravação) ou arquivada em qualquer sistema ou banco de dados sem permissão escrita da editora.

CONSELHO EDITORIAL	**PRODUÇÃO EDITORIAL**
Diretor	Aline L.R. de Barros
Volney J. Berkenbrock	Marcelo Telles
	Mirela de Oliveira
Editores	Otaviano M. Cunha
Aline dos Santos Carneiro	Rafael de Oliveira
Edrian Josué Pasini	Samuel Rezende
Marilac Loraine Oleniki	Vanessa Luz
Welder Lancieri Marchini	Verônica M. Guedes
Conselheiros	**Conselho de projetos editoriais**
Elói Dionísio Piva	Isabelle Theodora R.S. Martins
Francisco Morás	Luísa Ramos M. Lorenzi
Gilberto Gonçalves Garcia	Natália França
Ludovico Garmus	Priscilla A.F. Alves
Teobaldo Heidemann	

Secretário executivo
Leonardo A.R.T. dos Santos

Editoração: Andrea Bassoto Gatto
Diagramação: Editora Vozes
Revisão gráfica: Alessandra Karl
Capa: Editora Vozes
Ilustração de capa: Lúcio Américo de Oliveira

> Nota do editor:
> A reedição desta obra é resultado de um projeto da Editora Vozes juntamente com a Associação Thomas Merton – Brasil, para manter disponível ao público de língua portuguesa o legado espiritual de Thomas Merton.

ISBN 978-85-326-6736-6 (Brasil)
ISBN 0-8112-1348-X (Estados Unidos)

Este livro foi composto e impresso pela Editora Vozes Ltda.

Responderam-lhe os discípulos: "Como poderá alguém conseguir aqui no deserto pão suficiente para saciá-los?" (Mc 8,4).

A Jean Daniélou, SJ

Nota do autor

Tratando neste livro do sentido espiritual da Escritura, tive a intenção de seguir de perto, o mais possível, as normas estabelecidas em recentes documentos pontifícios, especialmente a Encíclica *Divino Afflante Spiritu*. Se minha ignorância e minha tolice levaram-me a interpretar erradamente a doutrina da Igreja, desejo tornar público que renuncio a qualquer erro que possa ter cometido. No que diz respeito às passagens em que presumi sustentar que tal texto escriturístico tinha um determinado sentido espiritual e em que expressei uma opinião a respeito desse sentido, convido aqueles que se acham em profundo desacordo com a minha interpretação a não fazerem caso da minha opinião e agirem como se eu tivesse simplesmente feito uma piedosa aplicação do texto. Estarão, assim, mais inclinados, espero, a ver e a apreciar as consequências práticas de minhas ideias sobre a vida de oração.

Nota das tradutoras

Os Sl 18, 148, 8 e 23 e o oráculo de Balaão, contidos neste livro, foram traduzidos por Dom Marcos Barbosa, OSB. Devemos também a Dom Marcos Barbosa a tradução da poesia de Henry Vaughan. Todos os outros salmos foram tomados de: *Os salmos*, do Padre Vogt, SJ (São Paulo: Liga de Estudos Bíblicos, 1951).

As outras citações do Antigo Testamento e as do Novo Testamento, na maioria dos casos, foram tomadas de: *Bíblia Sagrada*, do Padre Matos Soares, Pia Sociedade de São Paulo, pois o autor as dá conforme a Vulgata. Quando possível, utilizamos a tradução de Frei Mateus Hoepers, OFM (Editora Vozes, 1956) e a do Padre Lincoln Ramos (*Os quatro evangelhos*. Editora Vozes, 1952).

Sumário

Prefácio, 11
  Cristóvão de Souza Meneses Júnior

Apresentação, 15
  Dom Estêvão Bettencourt, OSB

Prólogo – Salmos: uma escola de contemplação, 23

I – Salmos e contemplação, 27

  1 O problema: a contemplação na Liturgia, 27

  2 Testemunho na tradição, 33

  3 Os diferentes sentidos da Sagrada Escritura, 47

  4 Cânticos da cidade de Deus, 65

  5 Erros a evitar, 71

II – Poesia, simbolismo e tipologia, 75

  1 Poesia, simbolismo e tipologia, 75

III – *Sacramenta Scripturarum*, 95

  1 Palavras como sinais de sacramento, 95

  2 Transformação na descoberta, 97

  3 "Mistérios visíveis", 104

  4 "Quando Israel saiu do Egito…", 112

IV – A perfeita lei da liberdade, 127

1 "Deste-me ouvidos abertos…", 127

2 Do louvor ao êxtase, 137

V – À sombra de tuas asas, 147

1 Escuro relâmpago, 147

2 O silêncio dos salmos, 160

Epílogo, 167

Prefácio
Salmos: uma escola de contemplação

Neste exato momento (e não importa a hora), em muitos mosteiros e em diferentes fusos horários, por meio de volumosos Breviários, os salmos estão sendo cantados e meditados por monges cristãos em todo o mundo. Também religiosos, padres seculares e leigos se alimentam dos salmos. No seio da Igreja, geração após geração, esse conjunto de poemas religiosos tem modelado os pensamentos mais profundos acerca de Deus.

Os salmos foram escritos na antiga aliança para dar melodia a um mandado: "Tudo que respira louve o Senhor" (Sl 150,6). Louvar, portanto, é o movimento natural de quem vive na presença de Deus. Mas, no final das contas, quem está isento de louvar? Acaso alguém não vive na presença de Deus? Na realidade dele vive para além do entorno porque se tornou mais interior do que o mais íntimo do nosso ser. Habita em nós com a única e suficiente razão de dar plenitude ao vazio – que grande dignidade ser ajudado por Deus a conhecer essa eloquente realidade! Então, sim, salmodiar deveria ser um movimento natural para todos.

O pão no deserto é um livro sobre os salmos. É uma das primeiras obras de Thomas Merton e surgiu no momento em que esse jovem trapista, já mundialmente conhecido pela autobiografia *A montanha dos sete pata-*

mares, enraizava-se na erudição bíblica e na leitura dos Padres da Igreja. Foi escrito em 1950, mas só chegou às mãos dos leitores três anos depois em razão de burocracias contratuais com a editora. Foi o primeiro livro de Thomas Merton, dos vários que a Vozes publicou, em 1958, com a tradução da Irmã Maria Emmanuel, OSB, amiga do autor, que vivia no Mosteiro da Virgem em Petrópolis/RJ e que, em 1996, foi cofundadora da Associação Thomas Merton junto a Waldecy Gonçalves.

O livro conta com uma valiosa Apresentação de um dos mais destacados teólogos brasileiros do século XX, Dom Estevão Bettencourt, OSB (1919-2008). Somos incentivados por ele a buscar nos salmos a culminância da união com Deus, "que não consiste necessariamente em visões e êxtases, mas em fazer a experiência de Deus presente na alma".

Além de um prólogo e um epílogo, o livro contém cinco capítulos: I. – Salmos e contemplação; II. – Poesia, simbolismo e tipologia; III. – *Sacramenta Scripturarum*; IV. – A perfeita lei da liberdade; e IV. – A sombra de tuas asas. Cada capítulo é dividido em seções, criando, assim, uma série de breves reflexões sobre cada tópico do capítulo.

A analogia eucarística sugerida pelo título é intencional. Tanto a Palavra quanto o Sacramento são alimentos que nutrem aqueles que os consomem. Thomas Merton faz o elo de dois aspectos da vida monástica: o Ofício Divino e a Liturgia com a Contemplação. Quem reza os salmos "adentra nas fontes profundas da contemplação interior".

O pão no deserto é, portanto, desses livros que nos elevam a outro patamar de compreensão daquilo que é fundamental: que a imersão nos hinos, nas súplicas e nas ações de graças contidos no saltério nos expõe à mesma luz divina que iluminou seus autores, fazendo-nos participar da cognição de Deus que se propaga na claridade poética de suas ideias.

Fevereiro de 2024

Cristóvão de Souza Meneses Júnior
Presidente da Associação Thomas Merton

Apresentação

O presente livro relaciona-se com um dos temas que o cristão mais estima: a vida de oração.

Não há quem, após falhas tentativas feitas para rezar devidamente, não sinta finalmente ecoar em seu íntimo aquele pedido que os apóstolos dirigiam a Cristo: "Senhor, ensina-nos a orar!" (Lc 11,1).

Não há dúvida, o homem experimenta inata dificuldade para rezar ou se entreter com o invisível. Isso não somente por ter uma natureza corpórea, dada espontaneamente a tudo que é sensível, mas principalmente porque se rebelou contra o Criador, pelo pecado dos primeiros pais; em consequência, a sua natureza desregrada não encontra mais em si as palavras que faça subir ao Altíssimo.

Eis, porém, que o próprio Deus se dignou a prover o remédio para essa mudez da criatura: deu-lhe, já antes da encarnação e da redenção, a sua Palavra Boa, inspirada nas Escrituras. São Bernardo, sublinhando o nexo íntimo vigente entre a encarnação e a Bíblia, caracterizava brevemente uma e outra: "*Verbum vestitum carne... Verbum vestituem sermone...* – O Verbo revestido de carne... O Verbo revestido de palavra..." A Escritura assim concebida é um sacramental que, junto aos sacramentos, aplica-nos a obra da redenção. Ela vem a ser o manual de oração, por excelência, do cristão, manual composto pelo próprio Deus. E está claro que, entre os livros da Escritura, merece particularmente esse título o saltério, que foi diretamente redigido sob a forma de preces.

Um dos grandes méritos de Thomas Merton na presente obra (que a estimada Editora Vozes, num digno intuito apostólico, propõe agora ao público brasileiro) está em chamar a atenção para tão rico manancial da vida de oração: o autor mostra como o cristão pode e deve utilizar não qual vestígio arcaico da tradição, mas qual põe no deserto ou qual órgão pelo qual ele faça passar todos os afetos de sua alma unida a Cristo; é o Senhor Jesus, é o Evangelho que o orante de hoje encontra nos salmos.

Anime-se, pois, o discípulo de Cristo! Longe de julgar que a vida de oração perfeita é privilégio de poucos ou dos religiosos enclausurados, aspire-a com ardor. E, para nutri-la, recorra à Palavra de Deus, aos salmos, desejando veementemente, ainda que viva no mundo, chegar às cumeadas da união com Deus. Cada cristão, em virtude do seu batismo mesmo, é chamado a tal termo; o desabrochar normal da graça do batismo é a vida mística, que não consiste necessariamente em visões e êxtases, mas em se fazer a experiência de Deus presente na alma.

* * *

O mundo, hoje mais do que nunca, precisa de almas que orem. As desordens e os flagelos multiplicam-se e os prognósticos não costumam ser otimistas...

O Senhor Jesus já previu tempos tais. Ao predizê--los, fazia notar que seus discípulos desejariam ver "um só dos dias do Filho do homem, mas não o veriam" (cf. Lc 17,22). Em outras palavras: desejariam a cessação próxima de tantas calamidades mediante a consumação da história e o triunfo definitivo do bem sobre o mal; a Providência, porém, ainda prolongaria o curso dos anos, dizia Jesus, permitindo que seus fiéis continuassem a luta do Reino de Deus contra o das trevas.

É bem isso o que se dá em nossos dias. Os múltiplos rumores em torno de iminente fim do mundo não são mais do que expressões do anelo geral de que cesse a desordem e se renova a face da Terra. Quem nos garante, porém, que é por meio de uma catástrofe cósmica que o Senhor quer trazer alívio à situação presente? Não haveria, então, algum meio seguro de fazermos violência ao Céu e obtermos aparente antecipação da hora final, da justiça plena? Sim. E esse remédio na angústia, Jesus o ensina na parábola que o evangelista consignou pouco após as palavras anteriormente referidas: uma viúva, vítima de opressão, clamava diariamente ao juiz do seu povoado, a fim de que lhe fizesse justiça; depois de muito implorar, foi finalmente atendida em vista de sua tenacidade ao rogar (cf. Lc 18,1-8).

Essa historinha evangélica não quer propriamente incutir a perseverança na oração individual (esta é estritamente a lição da parábola do amigo inoportuno, narrada em Lc 11,5-8). Os traços explicativos que Jesus acrescenta à Parábola da Viúva abrem outra perspectiva, que a tradição cristã soube carinhosamente explorar: "Ouvi o que diz o juiz iníquo. E Deus não faria justiça aos seus eleitos, que a Ele clamam dia e noite? Seria lento para com eles? Eu vo-lo digo: far-lhes-á pronta justiça" (Lc 18,6-8a).

Como se depreende das palavras do Divino Mestre, a viúva representa não um orante singular, mas a coletividade dos eleitos ou dos cristãos. E quem é essa coletividade capaz de clamar dia e noite senão a Santa Igreja, que, do levantar ao pôr do sol, faz incessantemente subir a sua prece ao Céu, pedindo que se apliquem ao mundo as graças da redenção e se estenda o Reino de Deus? É esse o anelo mais íntimo e constante que a Igreja exprime na sua oração oficial – oração oficial que consta principalmente da Sagrada Eucaristia e do Ofício Divino (Breviário), e se nutre copiosamente de textos da Escritura, em particular dos salmos. A Igreja pode ser comparada a uma viúva, porque seu Esposo, Cristo, foi-se para a mansão celeste, deixando-a aparentemente só aqui na Terra, exposta aos assaltos da impiedade e da injustiça[1].

---

1. Haja vista o texto de São Beda Venerável († 735): "A viúva [da parábola] pode representar a Igreja, pois esta parece estar esquecida até que venha o Senhor, embora Cristo, por vias ocultas, dela cuide mesmo no tempo presente. – *Ipsa vero vidua potest habere similitudinem Ecclesiae, quod desolata videtur, donec veniat Dominus, qui tamen in secreto etiam nunc curam eius gerit.*

Pois bem. Em sua parábola, Jesus quer afirmar que a voz da Igreja não fica vã; ao contrário, é tão agradável ao Pai do Céu que se torna capaz de obter para o mundo justiça e melhor ordem de coisas, e obter... *sem demora* (Note-se a insistência do Mestre: "Deus seria *lento?*... Fará *pronta justiça!*")

Os dizeres do Senhor até essa altura da parábola são otimistas; reerguem o ânimo do cristão, lembrando-lhe que a sua situação não é desesperada na Terra; haverá sempre uma arma, e arma poderosíssima, para lutar contra o mal. Eis, porém, que o Divino Mestre termina o seu ensinamento com uma delicada antítese ou com uma advertência lacônica, que é certamente densa de sentido; dir-se-ia que não ousa exprimir todo o seu pensamento, deixando-o em reticências, a fim de que o leitor mesmo o complete e lhe dê a resposta adequada: "O Filho do homem, porém, quando vier, encontrará fé sobre a terra?" (Lc 18,8b).

Essa frase, em sua concisão, quer dizer o seguinte: a oração, como víamos, constitui o instrumento mais apto para atrair a justiça de Deus e a redenção ao mundo. A prece, porém, é movida pela fé. Por conseguinte, enquanto há fé entre os cristãos, eles oram e, orando, podem tornar-se os construtores de um mundo novo. Pergunta, porém, o Senhor: será que, quando o Cristo vier ao mundo para nele instaurar a justiça, encontrará realmente fé, fé que leve os cristãos a orarem e, assim, atraírem o dom de Deus?

Essa questão, Jesus a formula visando explicitamente a fase final da história, quando o Filho do homem voltar glorioso à Terra; mas a pergunta aplica-se outrossim a cada uma das épocas, a cada um dos dias, que medeiam entre a primeira e a segunda vinda de Cristo; todo esse termo é tempo escatológico; é o tempo da vinda do Filho do homem, que, após haver descido a nós na encarnação, desce nos sacramentos e na Liturgia para nos oferecer a justiça do Reino de Deus. É lícito, pois, na base das palavras de Cristo, interrogarmos: será que há fé atualmente entre os cristãos, aquela fé capaz de estimar a oração e torná-la a expressão de uma vida interior profunda? Ou, explicitando mais: será que nós, cristãos do século XXI, cremos adequadamente no valor da oração e na sua pujança, de maneira a orarmos coerentemente com essa fé e nos tornarmos os grandes esteios da justiça no mundo? Cremos na nossa vocação de cristãos, de eleitos de Deus?

O Senhor não deu resposta à pergunta que Ele mesmo formulou. Foi, porém, suficientemente explícito para chamar a nossa atenção. Sem receio de errar, pode-se dizer que a fé do cristão é sempre suscetível de aumento. Creiamos de maneira mais viva na eficácia desse dom – a prece – que o Senhor colocou em nossas mãos para colaborarmos na redenção dos nossos contemporâneos. Se não crermos, e crermos com fé profunda, de sorte a orar intensamente, descerá a justiça de Deus à Terra na época atual? Não quis a Providência, o seu plano de distribuir graças ao mundo, contar com a prece dos justos?

A advertência do Divino Mestre em Lc 18,8b dirige-se em primeira linha aos orantes oficiais da Santa Igreja, ou seja, aos ministros do altar, aos religiosos e religiosas que a Esposa de Cristo incumbiu de serem porta-vozes do seu íntimo anelo junto ao trono de Deus. A esses orantes, a parábola do Senhor, entre outras coisas, inculca o sublime valor da sua vocação; ser chamado a orar oficialmente em nome da Santa Igreja é ser chamado a atrair mais e mais o Reino de Deus a este mundo; é, outrossim, um objetivo ao qual bem podem ser subordinadas as demais atividades de uma vida humana. Para ilustrar essa afirmação, vêm a propósito as palavras com que o Abade Arsênio saudava Santo Antão († 356), o qual vivia entregue à oração e praticava trabalho manual para melhor rezar: "Paz a ti, coluna de luz, *que sustentas o orbe inteiro*"[2].

Professar a vida de oração em íntimo contato com as intenções da Igreja é, sem dúvida, contribuir poderosamente para sustentar o mundo e preservá-lo das ruínas moral e material. Às almas chamadas a tal tarefa, as páginas que se seguem serão de inegável proveito.

Mas também aos demais cristãos tornar-se-ão muito valiosas. Se nem todos têm a obrigação, nem mesmo a possibilidade, de rezarem o Breviário, cada um pode uti-

---

2. *Pax tibi, columna lucis, quae sustines orbem terrarum (Vitae Patrum,* 5,17,4).

lizar os salmos, que constituem a parte principal do Ofício Divino. Thomas Merton, no presente livro, procura desvendar os desígnios da Providência encerrados no saltério, fornecendo a chave para que os fiéis penetrem no sentido desta obra inspirada. Assim esclarecidos, desfrutarão melhor das riquezas da Palavra de Deus e merecerão serem mais intimamente agregados ao número dos eleitos, daqueles a quem Deus faz justiça sem demora!…

Finalmente, a todos os leitores possam as páginas que se seguem incutir a consciência cada vez mais profunda de que é no santuário da vida interior, na luta de Jacob com o anjo (cf. Gn 32,25-33), que se decidem as grandes batalhas da história e – não hesitamos em dizer – *da hora presente*! Possam também inspirar renovado amor à Esposa de Cristo, sempre aceita ao Pai, o qual não deixará de atender a todos quantos com ela orarem, e com o Verbo de Deus feito palavra humana!

Prefácio à edição de 1958
Dom Estêvão Bettencourt, OSB

Prólogo

De que trata este livro? Para quem foi escrito?

É um livro sobre os salmos. Os salmos são, talvez, o conjunto de poemas religiosos mais significativos e de maior influência jamais escrito. Resumem toda a teologia do Antigo Testamento. Há séculos são a base da oração litúrgica judaica e cristã[3]. Ainda hoje desempenham um papel mais importante do que qualquer outro conjunto de textos religiosos na oração pública da Igreja. Os monges beneditinos e cistercienses cantam o saltério todo cada semana. Aqueles cuja vocação na Igreja é orar percebem que estão vivendo dos salmos – pois eles penetram em todos os setores de sua vida. Levantam-se os monges para cantar salmos no meio da noite. Durante a missa, têm nos lábios versículos dos salmos. Interrompem, durante o dia, seus trabalhos nos campos ou nas oficinas do mosteiro, para cantarem os salmos das Horas menores. Recitam salmos após as refeições, e as últimas palavras que pronunciam, no fim do dia, são versículos escritos há milhares de anos por algum salmista.

Para o monge que penetra realmente no sentido pleno de sua vocação, os salmos são o alimento da vida interior, dando-lhe material para suas meditações e oração

---

3. Cf. o interessante artigo de Dom Basílio Penido, OSB. O Cristo nos salmos. *In: A Ordem,* maio 1953 [N.T.].

pessoal, de maneira que acaba por vivê-los, deles se compenetrando de tal modo, como se fossem o seu próprio canto e a sua própria oração.

Ora, isso não seria possível se os salmos não passassem de simples literatura para aqueles que devem rezá-los todos os dias. "Arte" e "literatura", como tais, têm, sem dúvida alguma, um papel importante a desempenhar na vida monástica. Mas quando alguém vive no profundo despojamento de um espírito desnudado, em face unicamente de realidades espirituais, ano após ano, arte e literatura podem acabar por parecer insignificantes e pouco substanciais – ou, então, tornam-se um engodo e uma tentação. Em ambos os casos podem ser uma fonte de inquietação e descontentamento.

Entretanto, numa vida votada inteiramente à serenidade e à paz interior, a oração litúrgica do monge é uma das grandes influências pacificadoras. Há, para isso, uma só explicação: os salmos adquirem, para os que neles sabem penetrar, uma profundeza espantosa e maravilhosa e inesgotável atualidade. São eles o pão milagrosamente preparado por Cristo para nutrir aqueles que o seguiram ao deserto.

Escolhi esse símbolo propositadamente. Habitualmente, o milagre da multiplicação dos pães evoca o Sacramento da Eucaristia que ele anunciava. Mas a realidade que nos alimenta nos salmos é a mesma de que nos nutrimos na Eucaristia, embora sob forma bem diferente. Num e noutro caso, somos nutridos pelo Verbo de Deus.

No Santíssimo Sacramento, "Sua carne é realmente comida". Nas Sagradas Escrituras, o Verbo está encarnado em palavras humanas, não em carne. Mas o homem vive de toda a palavra que procede da boca de Deus.

Este livro não é um tratado sistemático, é apenas uma coleção de notas pessoais sobre o saltério. Notas de um monge, escritas conforme a tradição monástica, e podemos supor que hão de interessar sobretudo a monges. Nos tempos misteriosos em que vivemos, no entanto, não podemos prever quais serão os leitores destas páginas – ainda que não se espere atingir toda a gente. Talvez, por sua própria natureza, pudesse este livro pretender dirigir-se àqueles que não compreendem muito bem por que são obrigados, por vocação, a fazerem dos salmos a substância de sua oração.

Em todo caso, estas páginas tentam pôr em evidência algumas das razões pelas quais os salmos, apesar da sua antiguidade, devem ser considerados como uma das formas de oração que mais convêm aos homens de todos os tempos. Aos leitores que só conseguem ver nos salmos simples "literatura", este livro oferecerá pelo menos alguns dos motivos que fazem do saltério mais do que literatura, para aqueles entre nós que dele fizemos nosso Pão no deserto.

I
Salmos e contemplação

1 O problema: a contemplação na Liturgia

Ao escrever sua Regra para monges, São Bento de Núrsia o fazia para homens cujo único fim na vida era Deus. Haverá, afinal, outro fim para alguém? Todos os homens buscam a Deus, ainda que não o saibam. São Paulo já o dissera aos habitantes de Atenas: "O Deus que fez o mundo e todas as coisas que há nele... fez toda a linhagem humana para povoar toda a face da terra. Fixou as estações e os confins dos povos para que procurem a Deus e, mesmo às apalpadelas, o achem, pois Ele não está longe de nós, porquanto nele vivemos e nos movemos e existimos" (At 17,24-28). Mesmo aqueles que dizem não acreditar em Deus buscam-no pelo próprio fato de o negarem; pois não lhe negariam a existência se não acreditassem ser verdadeira a sua negação: ora, Deus é a fonte de toda a verdade.

Entre os que nele creem, alguns o buscam mais explícita e intensamente do que outros. Os monges não têm na vida outra ocupação a não ser a busca de Deus. É o que torna a vida monástica essencialmente simples. Que poderia ser mais simples do que a busca por alguém que já encontramos? Essa é, na verdade, a natureza da busca: a compreensão de já o havermos encontrado. Essa compreensão tem início num ato de fé e culmina numa experiência da presença dele e da sua imperscrutável e infinita identidade, que se manifesta a nós quando sua misericórdia baixa às nossas almas, já existentes nele só, por Ele só, e unicamente para Ele.

Concebendo assim a vida monástica, como busca de Deus, na qual nada é preferido ao amor de Cristo, São Bento emprega sempre os termos mais simples e concretos.

As realidades concretas da existência humana, em sua simplicidade cotidiana, em parte alguma são mais bem apreciadas do que num mosteiro, onde os monges, pela "fuga do mundo", encontram não somente a Deus, mas também o mundo nele. Ninguém melhor do que um monge compreende a dignidade e o sentido do trabalho manual – não porque o trabalho se apresente como uma penitência, um exercício ascético, um meio de vida ou algo semelhante, mas porque, em si mesmo, é uma forma de adoração num mundo sacramentalizado pela presença de um Deus Criador e Redentor.

Eis por que São Bento não cogita de "vida litúrgica", "vida contemplativa", "contemplação infusa". Nem se acha, de modo algum, interessado em uma suposta oposição teórica entre "oração oficial pública" e "oração privada", entre "oração vocal" e "oração mental". Não se preocupa com o momento preciso em que a contemplação cessa de ser "adquirida" e torna-se "infusa", nem mesmo se existem, de fato, essas duas categorias.

Tais questões abstratas têm seu lugar nas modernas controvérsias teológicas, mas não eram de grande importância para homens que passavam a vida não em discussões sobre "espiritualidade", mas amando a Deus. Esse amor os levara ao conhecimento do que é vida verdadeira, vida eterna, "pois nisto consiste a vida eterna: que eles vos conheçam a Vós, o verdadeiro Deus, e a Jesus Cristo que enviastes" (Jo 17,3).

Tais são, verdadeiramente, as razões que faziam dos monges autênticos contemplativos e permitiam-lhes penetrar tão profundamente naquela experiência dos mistérios de Deus, chamada "contemplação infusa", e ao mesmo tempo os levava ao fim para o qual a "liturgia" e a "vida litúrgica" são ordenadas.

Nós, que somos os descendentes de São Bento e tantas vezes ficamos perturbados por algumas das questões abstratas que mencionei, faríamos bem em compreender, clara e definitivamente, que o abandono da discussão teórica não implica necessariamente o abandono dos valores discutidos. Ao contrário, o único modo de podermos, enfim, entrar em plena posse dessas realidades, que estão nas próprias raízes de nossa existência monástica, é deixar de falar delas para abraçá-las resolutamente, vivendo-as na obra de nossa vocação contemplativa.

Quando São Bento dizia que o Ofício Divino ou *Opus Dei* ocupava posição central e dominante na vida cotidiana do monge, vinha apenas reafirmar esta verdade: o monge entra para o mosteiro em busca de Deus. O termo *Opus Dei* significa o "canto das horas canônicas" – a oração da comunidade monástica. Esse Ofício coral é composto, sobretudo, de salmos. Se disséssemos, porém, que o fim principal da vida do monge é cantar salmos, acabaríamos, sem dúvida alguma, por ter uma noção completamente falsa do monaquismo. Não é difícil compreender por quê.

Se definirmos a vida monástica meramente em termos de obrigações materiais que o monge tem a cumprir, logo perderemos de vista o fim visado pelo legislador. O monge não existe por causa de uma obrigação, é a obrigação que existe por causa do monge. Deveres e obrigações são apenas marcos indicando o caminho para um fim último no qual nossa natureza toda e suas capacidades encontram a plenitude. O cumprimento de uma obrigação não satisfaz, em si mesmo, as aspirações do nosso ser; põe-nos em contato com aquele que procuramos, unindo-nos a ele numa reunião de vontades. Quando a obrigação é orar, a união é mais do que uma conformidade de vontades. Orar exige entendimento.

Os salmos colocam nossos corações e nossas mentes na presença do Deus vivo. Enchem-nos o espírito de sua verdade, de modo a nos unir ao seu amor. Mas há grande diferença entre orar e "dizer orações". Exteriormente, posso, talvez, cumprir uma obrigação "fazendo orações", mas a razão pela qual sou monge é *orar*, porque na oração encontro a Deus.

O valor da obra de Deus, o *Opus Dei*, está não tanto no fato de se tratar de um trabalho ou serviço (*opus*), mas em ser um serviço *de Deus*. Tudo o que o monge faz é feito a serviço de Deus. O *Opus Dei*, porém, dirige-se mais perfeita e exclusivamente a Deus e penetra mais profundamente nos íntimos recessos da alma do monge do que qualquer outro ato. É claro que estou usando livremente o termo empregado por São Bento, estendendo-o de modo a incluir a missa que é, no sentido mais estrito, nossa "Liturgia", e para a qual o Ofício é apenas a moldura litúrgica.

Eis a razão por que o *Opus Dei* nos abre as fontes profundas da contemplação interior.

Entretanto não devemos imaginar que o canto dos salmos implique uma "técnica" de contemplação. Os salmos não devem ser considerados como instrumentos espirituais que, quando bem usados, conduzam-nos a algum estado psicológico especial. É verdade que a tradição dos Santos Padres sempre considerou a "salmodia" como um passo para a "contemplação" e, para eles, a contemplação era *experiência* de Deus. Sendo uma experiência, é claro que implica um estado psicológico ou, pelo menos, um ato psicológico.

São Gregório Magno é um dos Padres da Igreja que mais tem a dizer sobre essa experiência contemplativa. É autoridade em matéria de "espiritualidade litúrgica", pois o sacramento gregoriano e o canto gregoriano devem-lhe seus nomes. Se faço menção dessas coisas é para mostrar que a imaginária oposição entre "oração litúrgica" e "experiência contemplativa", que em nossos dias põe tanta gente excitada, era desconhecida dos Santos Padres. "Liturgia" e "contemplação" uniam-se, para eles, em espontânea harmonia, uma vez que ambas eram expressões da necessidade fundamental de Deus e contribuíam para satisfazer tal necessidade. Porque, afinal, a "liturgia" transforma-se em "contemplação" no momento em que a nossa oração deixa de ser busca de Deus para se transformar numa celebração, por interior experiência, do fato de o havermos encontrado.

Contudo, repito, os salmos não têm por fim "produzir" a contemplação. Por si mesmos, não são destinados a criar em ninguém efeito psicológico particular algum. Levam à contemplação precisamente porque seu impacto sobre nós é mais teológico do que psicológico. Em alguns mosteiros há muita frustração por essa verdade não ter sido claramente compreendida. Neófitos na vida contemplativa imaginam que o "Ofício" é um "obstáculo à oração contemplativa" porque tende a impedir que consigam suscitar em si mesmos um certo grau de abstração interior que é psicológico, tanto em sua origem como em seu termo.

Essa frustração aumenta, é claro, quando lhes é dito por ascetas que o Ofício deve ser aceito apenas com uma forma de penitência. Ora, isso importa numa declaração de que os salmos não têm sentido algum, que não há lugar na oração para a inteligência, e que os coros monásticos foram inventados para pôr à prova a humildade, a abnegação e obstinada força de vontade.

Mas o problema também não se acha resolvido se jogarmos as migalhas de Davi e de Gregório ao ávido senso artístico do monge. O desejo de contemplação nada tem a ver, essencialmente, com arte ou com senso estético. Não pode satisfazer-se com poesia, tampouco com filosofia, música, cerimônias ou especulação bíblica. Afinal, nunca chegaremos à contemplação se não desejarmos algo infinitamente mais elevado do que a contemplação.

Os salmos, portanto, não devem ser explorados por causa de seus efeitos psicológicos. Estes existem, mas secundariamente. Os salmos são teologia. Isso quer dizer que nos colocam em contato com Deus pelo assentimento da fé à sua revelação. É por causa desses efeitos teológicos e dinâmicos que os salmos são degraus para a contemplação. Esse efeito teológico depende, em última análise, de um dom gratuito de Deus. Portanto é inútil procurar algum "método" esotérico secreto na recitação dos salmos com o fim de "obter a contemplação". Se cantarmos os salmos com fé, Deus há de se manifestar a nós, e isso é contemplação.

2 Testemunho na tradição

A tendência ao afastamento das formas de oração social e litúrgica, que na alta Idade Média tomou grandes proporções, fez com que muitos cristãos imaginassem a oração "interior", em "espírito e verdade", incompatível com as formas exteriores de adoração.

Na Espanha do século XVI, os iluministas ensinavam para seus discípulos que a salmodia, ou recitação do Ofício Divino, era um obstáculo ao progresso da oração interior. Até mesmo alguns autores espirituais mais acentuadamente ortodoxos, percebendo embora ser necessário defender a dignidade objetiva e o valor do Ofício Divino como oração pública da Igreja, viam nele, antes, uma "obrigação" que os contemplativos deviam "aceitar" com toda humildade e submissão do que a manifestação de amorosa união com Deus.

Por trás desse erro havia, antes de mais nada, uma falsa psicologia da contemplação. Essa falsa psicologia era uma simplificação exagerada da doutrina. O falso ponto de vista considerava as coisas mais ou menos do seguinte modo: qualquer oração contemplativa é puramente oração passiva; por conseguinte, é incompatível com qualquer atividade exterior e interior. Ora, o Ofício Divino supõe atividades exteriores e interiores. Logo, Ofício Divino e oração contemplativa são incompatíveis.

O quietista Miguel de Molinos afirmava que almas "interiores" (i. é, contemplativas) jamais deveriam dar graças a Deus com palavras ou com os lábios, mas permanecer em absoluto silêncio, sem opor obstáculo algum à ação de Deus. Esse pronunciamento categórico foi condenado. Molinos acrescentava (o que também foi condenado) que quanto mais perfeitamente essas almas "interiores" se abandonassem passivamente entre as mãos de Deus, tanto mais achariam impossível toda e qualquer oração verbal.

A razão pela qual as heresias têm de ser condenadas é que elas contêm elementos parecidos com a verdade e, consequentemente, induzem em erros cristãos bem-intencionados. É exato, realmente, que na contemplação mística ou infusa a alma se torna cada vez mais passiva sob a direção do Espírito Santo; e é também verdade que, às vezes (mas não *todo o tempo*), a alma assim conduzida por Deus encontra dificuldade, ou mesmo impossibilidade, de formular os vários atos que fazem parte das formas comuns de oração.

Mas esses estados passivos de oração, puro dom de Deus, normalmente são concedidos somente às almas que se exercitam fielmente na prática das virtudes e no gênero de oração meditativa e vocal usuais. O caminho que leva a essa passividade é um caminho ativo, embora isso não signifique que a oração passiva possa ser "adquirida". Aí, na verdade, é que estava a raiz dos erros de Molinos.

Ele acreditava que a autêntica contemplação pudesse ser adquirida, no sentido estrito da palavra, pela simples cessação de toda a atividade. Bastava, apenas, renunciar a toda a espécie de oração de petição, renunciar a todo o desejo de virtude, de progresso e de recompensas espirituais, renunciar a toda a solicitude quanto ao próprio corpo e à própria alma, abandonar toda a reflexão sobre si mesmo e permanecer vazio e passivo nas mãos de Deus para, automaticamente, tornar-se um contemplativo. Esse vácuo espiritual era, em si, contemplação, pois logo que cessamos de agir, Deus age em nós. É fácil ver por que não acreditava Molinos ser a oração vocal um auxílio para a contemplação.

Santa Teresa, a quem devemos uma das melhores exposições da verdadeira doutrina mística, parece ter pensado nos quietistas ao escrever seu *Caminho de perfeição*. Dizia às Irmãs da sua primeira fundação – São José de Ávila – que a oração vocal benfeita é necessariamente também oração mental, pois se não aplicarmos o espírito ao que estamos dizendo, de modo algum – a ver dela – declara, estamos rezando.

Santa Teresa não cuida, aqui, de fixar o mínimo absoluto necessário para satisfazer a obrigação de orar. Não hesitava em dizer que a oração vocal, longe de ser um obstáculo à contemplação, é um dos meios ordinários que nos dispõem a receber esse grande dom de Deus. Dizia, ainda, que alguém "ignorante nesse assunto" poderia imaginar que oração vocal e oração (infusa) de quietude nada têm a ver uma com a outra, mas que isso, "certamente, não era verdade"[4]. E prosseguia dando exemplos de místicos que, segundo sua própria experiência, haviam chegado à união mística pela simples prática da oração vocal.

---

4. *Caminho de perfeição,* cap. 30.

Conforme escreveu, Santa Teresa acreditava que, no *Pater Noster*, "Nosso Senhor nos ensinou o método completo da oração e da alta contemplação, desde os princípios da oração mental até a quietude e a união"[5]. Quando nos diz que as orações vocais da Igreja podem levar-nos à mais alta contemplação, tem atrás de si a tradição e os séculos inteiros. De que outra maneira encontraram os Padres do Deserto o caminho que os levou às regiões da contemplação mística, senão pela recitação meditativa do saltério? Onde iam buscar São Gregório de Nissa e São Círio de Alexandria o alimento de seu misticismo, senão na Liturgia e, acima de tudo, nos salmos? Que outra oração terá influído mais do que o Ofício Divino para transformar em místicos os monges que viviam nas grandes comunidades como Jumièges, São Galo, Cluny, Camaldoli ou Claraval?

Onde quer que tenham vivido católicos como solitários, suas exigências de solidão sempre cederam, em certos momentos, aos direitos da *synaxis* – a assembleia dos eremitas para a oração litúrgica em comum. Na vida dos Padres do Deserto[6], vê-se como a vida litúrgica e sacramental da Igreja representava um papel essencial em sua contemplação.

---

5. *Id.*, cap. 37.

6. *Padres do Deserto* – são assim chamados os ascetas ou monges que, terminadas as grandes perseguições dos imperadores romanos contra a Igreja, povoaram os desertos, sobretudo os do Egito, vivendo como solitários (eremitas) ou em comunidades (cenobitas). Tinham por fim a perfeita união com Deus. Com eles originou-se o monaquismo cristão; daí serem chamados Padres (Pais), mas não eram, necessariamente, sacerdotes [N.T.].

A *história lausíaca*[7] mostra[8], com bastante evidência, que o teste do falso misticismo entre os eremitas era sua atitude para com a Liturgia. Visionários, que chegavam a crer que alguma experiência pessoal do Absoluto os elevava acima da vida comum sacramental da Igreja, provavam, finalmente – de maneira tão espetacular quão ruidosa –, como sua vida interior não brotava de fontes divinas. Naturalmente, a razão disso é que não há verdadeiro misticismo sem caridade e não há caridade sem incorporação ao Corpo Místico de Cristo, pois a caridade é a vida desse Corpo Místico. Mas a vida do Corpo Místico é alimentada pelos sacramentos e por sua oração, que é a Liturgia.

Os Padres do Deserto que se desviaram do bom caminho nos séculos III e IV não o fizeram por falta de ascetismo. Seus jejuns e suas penitências eram quase inacreditáveis. Não lhes faltava experiência mística interior; pelo contrário, frequentemente tinham visões as mais espetaculares. Onde, então, estava sua falha? Faltava-lhes humildade e caridade. Essa falha, revelavam-na no desprezo voltado à humanidade em geral, aos outros eremitas, à vida de oração comum da Igreja e na convicção de que podiam passar sem a missa e sem os sacra-

---

7. A *história lausíaca*, assim chamada por ter sido dedicada pelo autor a Lausus, oficial da corte do Imperador Teodósio II, foi composta por Paládio († 425), monge e mais tarde bispo, amigo de São João Crisóstomo. Narra a vida dos monges nos desertos do Egito (chamados também Padres do Deserto), tal como ele a viu. Sua obra tem real valor documentário (cf. Cayré, F. *Précis de patrologie.* Paris: Desclée de Brouwer, 1930. p. 489) [N.T.].

8. *Ibid.*, cap. 25 a 27.

mentos. Um deles teve até uma visão em que acreditou aparecer-lhe o Cristo e dizer-lhe que não precisava mais da Sagrada Eucaristia tal a perfeição que havia atingido. Era perfeito demais para comungar!

Dá-nos Cassiano uma descrição do Ofício noturno dos monges do Egito. À luz das estrelas, reúnem-se na cabana de taipa que lhes serve de capela, povoando-lhes as sombras. Quantos eram? Cassiano não sabia dizer. Levou muito tempo para perceber que o recinto estava cheio de homens tal era o silêncio.

Todos de pé, imóveis, em profundo recolhimento enquanto um cantor solitário canta os salmos em língua Copta... O Ofício consistia em doze salmos cantados lentamente. Podemos imaginar o estranho patético da melodia oriental há muito esquecida. Todos profundamente atentos ao sentido das palavras dos salmos, pois os Padres do Deserto, como os patriarcas e profetas de Israel, estavam obcecados pela realidade viva do Redentor, revelado ao mundo nos salmos. Ele é a Palavra de Deus oculta nessas "palavras de Deus". A contemplação ser-lhes-á concedida quando a revelação que é dada a toda a Igreja nessas palavras inspiradas se manifestar, de repente, tornando-se uma experiência pessoal, uma luz mística, profunda e transformante, penetrando e absorvendo-lhes todo o ser. Essa luz, que é fogo do Espírito Santo, atingi-los-á por meio dos salmos. É algo de muito maior e misterioso do que a simples luz da fé e, no entanto, a fé permanece a chave que abre essa porta. Não há outra.

É preciso recordar-nos por que os Padres do Deserto assim viviam. Sua vocação – e isso é a pedra angular de toda a espiritualidade monástica – tinha um duplo fim: *Finis nostrae proffessionis regnum Dei… destitanio vero nostra, id est scopus, puritas est cordis.* "O fim último de nossa profissão é o Reino de Deus… O fim próximo, ao qual dirigimos nossos esforços imediatos, é a pureza de coração"[9].

Portanto, tudo aquilo que o monge faz está ordenado, finalmente não só sua fruição pessoal de Deus no Céu, mas também à transformação e à glorificação de todas as coisas em Cristo, "à consumação de todas as coisas em Cristo", que é o Reino de Deus. Para conseguir esse fim último, o monge dirige toda a sua vida à aquisição da santidade, à pureza de coração.

Puritas cordis significa muito mais para os Santos Padres do que perfeição moral ou mesmo ascética. É o fim de um longo processo espiritual de transformação no qual a alma, perfeita na caridade, desapegada de todo o criado, livre de todo o movimento desordenado das paixões, é capaz de viver absorta em Deus, sendo penetrada, de quando em vez, por intuições vivas de sua ação, que tocam as profundezas dos mistérios divinos, que "abraçam" a Deus numa íntima e secreta experiência, não só de quem Ele é, como do que está fazendo no mundo.

---

9. Cassiano. *Collatio,* I, IV. *Patrologia Latina,* vol. 49, col. 486.

O homem que é puro de coração não só conhece a Deus como ser Absoluto, ato puro, mas o reconhece como Pai das Luzes, Pai de Misericórdias, que tanto amou o mundo que lhe deu seu Filho Unigênito para o redimir. Tal homem o conhece não apenas pela fé, pela especulação teológica, mas por uma íntima e incomunicável experiência.

Essa pureza de coração, que é a razão de ser da existência do monge, pois aperfeiçoa sua união com Deus pelo contato experimental e o leva às portas do Céu, torna-se a regra e a medida de todas as suas atividades. Tudo aquilo que o aproxima desse fim é bom. Tudo aquilo que o afasta é inútil ou nocivo. Coisas boas, em si mesmas, podem tornar-se maléficas quando usadas de maneira a tornarem-se obstáculos à pureza do coração.

> É necessário, dizia o Abade Isaac a Cassiano, no deserto, cumprirmos nossos exercícios, jejuns, vigílias, orações... em vista do fim visado: a pureza de coração. Mas não convém perturbarmos a ordem dessa virtude suprema por causa dos nossos exercícios. Com efeito, se a pureza de coração é conservada em nossas almas integral e inviolavelmente, coisa alguma será perdida; mesmo se, por necessidade, tivermos de passar por cima de algo de secundário[10].

A luta pela pureza do coração atravessa duas fases: primeiro, o controle de nossas ações, a aquisição das virtudes e a extinção das paixões. Em seguida, vem a parte mais difícil da ascensão espiritual: o contínuo recolhimento da alma em Deus. Cassiano se preocupa frequen-

---

10. *Patrologia Latina*, vol. 6, col. 489.

temente com um dos problemas máximos do monge, o problema das distrações. É aqui que a meditação das Escrituras e, particularmente, o uso da Escritura na Liturgia e na oração privada, individual, assume lugar de grande importância.

Os monges egípcios decoravam livros inteiros da Bíblia. Santo Antão, que, segundo dizem, não sabia ler, meditou as Escrituras durante os longos anos de sua solidão. Ele as havia aprendido de cor ao ouvi-las lerem-nas e recitarem-nas nos textos litúrgicos usados nas reuniões dos fiéis. As palavras da Escritura são dadas aos monges, em primeiro lugar, para afastar pensamentos inúteis ou maus e substituí-los por pensamentos bons e santos. Vamos às Escrituras para encontrar pensamentos "ascendentes", que nos elevem a Deus contra a gravitação da paixão, pois ela nos arrasta constantemente para a terra por pensamentos "descendentes", que apertam, cada vez mais, as cadeias que retêm o espírito escravizado à carne. Mais do que isso, a meditação das Escrituras leva à contemplação. Aqui, Cassiano penetra profundamente na doutrina tradicional que associa a pureza do coração à restauração da semelhança divina na alma criada à imagem de Deus, mas desfigurada pelo egoísmo e pelo pecado.

> Deveis mostrar-vos diligente e, na verdade, constante na leitura assídua das Escrituras, até que esta contínua meditação encha o vosso coração e vos forme à sua semelhança. E, então, fazei, de certo modo, uma Arca da Aliança contendo duas mesas de pedra, que são os dois Testamentos eternos e seguros, e um vaso de outro significando uma memória pura e sincera que

preserva, com vigilante cuidado, o maná nele oculto, maná de eterna e celeste suavidade espiritual e pão dos anjos; e, também, a vara de Aarão representando o estandarte de salvação do nosso soberano e verdadeiro Pontífice, Jesus Cristo, para sempre verdejante em frescura de eterna lembrança... Todas essas coisas sob a guarda de dois Querubins, significando a plenitude do conhecimento histórico e espiritual[11].

Cassiano prossegue desenvolvendo esse simbolismo – em perfeito acordo com uma tradição que remonta aos apóstolos – e explica como o "conhecimento espiritual" da Escritura protege e cobre com sua sombra o santuário interior da alma, como os Querubins cobriam com suas asas a Arca, no Santo dos Santos. Esse conhecimento da Escritura não é contemplação, mas leva à contemplação. Preserva a atmosfera necessária à contemplação. É o baluarte da pureza de coração. Protege a alma contra os movimentos das paixões e as tentações dos espíritos malignos. Envolta na sombra do conhecimento espiritual da Escritura, a alma, concentrada no silencioso recolhimento de suas profundezas, adora o Deus vivo aí presente.

Desse modo, diz Cassiano, a alma penetra não só na arca da Aliança, mas também no reino sacerdotal, e lá, com amor imutável em sua pureza, absorta na oração contemplativa (*spiritualibus disciplinis*), cumpre o ofício de Sumo Sacerdote, a quem a Lei ordena não sair do Santo dos Santos... o seu próprio coração, onde Deus

---

11. *Collatio*, XIV, 10.

promete habitar continuamente, dizendo: "Neles habitarei e caminharei com eles"[12].

Na XIV conferência sobre a compreensão espiritual da Escritura, Cassiano nos diz, incessantemente, como essa compreensão espiritual anda a par com a pureza de coração e a contemplação verdadeira. O mestre espiritual que tenta ensiná-la sem a haver experimentado ele próprio, apenas multiplica palavras vãs, ainda que seja muito instruído.

Na verdade, homens mundanos, impuros e orgulhosos, parecem ter essa ciência das Escrituras; mas é uma falsa ciência, uma combinação de habilidade retórica e sutilezas acadêmicas. Os salmos, diz Cassiano, ensinam-nos o verdadeiro caminho para a compreensão espiritual das Escrituras: o caminho da purificação ativa e da meditação da Lei. Quando a salmista declara que "somente os que andam sem mácula" podem chegar ao entendimento espiritual da Lei de Deus, está dizendo que ninguém pode chegar a esse fim "a não ser que ande sem culpa no caminho de Cristo". Veremos adiante o que os Santos Padres entendiam por compreensão espiritual da Lei.

Essa compreensão espiritual da Escritura é adquirida depois da meditação das Escrituras, no silêncio da noite e na solidão. Mas o fruto das meditações solitárias do monge é saboreado na recitação dos salmos no coro. Para

---

12. *Id.*, XIV, 10. Cf. Lv 26,12 e 2Cor 6,16.

preservar o caráter contemplativo do Ofício Divino, o número dos salmos era restringido a doze, e após cada salmo havia uma pausa, durante a qual os monges prostravam-se por terra em curtos períodos de oração silenciosa.

O "Ofício" era conservado, deliberadamente, simples, sem ornamentos supérfluos e acréscimos inúteis, e os monges resistiam à tentação de empilhar ladainhas sobre ladainhas e orações sobre orações, substituindo quantidade por qualidade. *Non enim multitudine versuum, sed mentis intelligentia delectantur*[13]. "Não se deleitam com o número de versículos que recitam, mas com a compreensão espiritual com que os recitam". "Consideram, continua Cassiano, de maior importância, recitar dez versículos de modo inteligente e ordenado do que disparar por um salmo afora com o espírito confuso".

Na IX Conferência sobre a Oração, Cassiano entra em pormenores sobre a oração pura e a necessidade de desapego e recolhimento interior. Expõe os graus comuns de oração e faz um curto comentário do *Pai-Nosso*, modelo de toda oração; em seguida, considera a oração contemplativa, à qual somos levados se fizermos bom uso das orações vocais, especialmente do *Pater*. Essa oração contemplativa tem diversos graus. A oração é pura e perfeita, segundo a autoridade de Santo Antão, quando o contemplativo não mais percebe que está orando nem sequer que existe[14].

---

13. *Id.*, XIV, 10. Cf. Lv 26,12 e 2Cor 6,16.

14. *Collatio*, IX, 31. *Patrologia Latina*, vol. 49, col. 808. *Non est perfecta oratio in qua se monachus vel hoc ipsum quod orat intelligit.*

Há um grau inferior de contemplação, no qual os efeitos da graça são sentidos de maneira mais positiva. Cassiano denomina-o, pitorescamente: "A oração de fogo". É a espécie de oração caracterizada pelos movimentos chamejantes da compreensão espiritual, movida pelo dedo de Deus no coração do monge enquanto, recolhido, canta os salmos com profunda compunção, e tem uma súbita e aguda visão da realidade concreta e íntima da misericórdia de Deus, da presença de Cristo, da união a Deus por meio de Cristo, no Espírito Santo!

Cassiano acreditava que esse gênero de compreensão espiritual devia ser o fruto normal da oração vocal, da oração coral e do *Pater*. Ele interpreta as passagens do Evangelho que aludem a Jesus orando solitário na montanha ou no Jardim da Agonia, como conselhos implícitos do Salvador, impelindo seus discípulos a aspirarem a essa oração perfeita. No entanto, declara Cassiano, a "Oração de fogo é conhecida por poucos".

> Elevando-se acima dos sentidos humanos, essa oração é balbuciada, não pelo som da voz nem pelo movimento da língua ou por alguma formação de palavras. Repleta e iluminada com a luz do Céu, a mente não profere essa oração com expressões humanas e limitadas, mas com todas as potências da alma reunidas em unidade, fá-la jorrar, abundantemente, como de fonte copiosíssima, e a oferece a Deus de um modo inexprimível. Dizemo-lhe tanto nesse curto momento que, quando voltamos a nós mesmos, passado esse instante, não somos capazes de explicar nem mesmo de repassar na mente tudo que ocorreu[15].

---

15. *Collatio*, IX, 25. *Patrologia Latina*, vol. 49, col. 801.

3 Os diferentes sentidos da Sagrada Escritura

Muitos salmos parecem ter pouco ou nada a ver com a contemplação. Que terão Og, rei de Basan, e Sehon, rei dos Amorreus, a oferecer à alma contemplativa, à *anima sitiens Deum*?[16] Muitos salmos parecem incitar-nos a ter sede não de Deus, mas do sangue dos nossos inimigos. Por vezes somos convidados a descansar, não tanto na experiência obscura de uma Presença amorosa e misericordiosa, mas na satisfação neolítica com que "o homem justo há de lavar as mãos no sangue do pecador".

Quando não tomamos parte nos gritos de guerra de uma raça selvagem estaremos, talvez, a considerar a barbaria dessa raça, como superstição, luxúria, traições sem número, todas as prevaricações, enfim, que atraem sobre si a vingança de um Deus zeloso. Deveríamos, por acaso, entrar na "oração de fogo" enquanto viajamos pela "terra poluída com sangue", na qual os filhos de Israel se ocupam em sacrificar seus filhos e filhas aos demônios? (Sl 105). Seria em detrimento dos salmos e, de fato, desolador, se atribuíssemos a eles um sistema de fórmulas e técnicas para a vida interior, como a *Baghavad Gita*?[17] O saltério, se o tomarmos em conjunto e em sua relação com o restante do Antigo Testamento, far-nos-á ver que a sabedoria espiritual nele contida é algo muito

---

16. "A alma sedenta de Deus". São Bernardo.

17. *Baghavad Gita: sublime canção,* também designada como a *Canção do Senhor ou a Mensagem do Mestre,* é livro venerado pelos brâmanes, que o citam como autoridade no que se refere à religião hindu [N.T.].

diverso de tudo que pudermos encontrar nos escritos dos filósofos e místicos pagãos. Apenas alguns salmos são didáticos no sentido comum da palavra. E mesmo os salmos nos preceitos da ética, eles nos parecem prosaicos e banais quanto à prática. "Bem-aventurado o homem que não segue o conselho dos ímpios, nem anda nos caminhos dos pecadores, nem se assenta na assembleia dos insolentes; mas cujo deleite é a Lei do Senhor, na qual dia e noite medita. É como a árvore plantada junto às águas correntes que dá fruto em tempo oportuno, cujas folhas não secam, e tudo que faz prospera" (Sl 1,1-3).

Mais adiante, os salmos têm de encarar a desagradável questão de que o homem justo nem sempre, de fato, prospera. Sua folha cai, sim, e ele não dá fruto, enquanto os celeiros dos perversos estão repletos, suas ovelhas são fecundas, seus bois são gordos e suas filhas andam cobertas de joias, como diz a Vulgata: "esculpidas como pilastras do Templo" (Sl 143,12-15).

Entretanto, ainda que o sentido literal do saltério seja ora glorioso, ora sanguinário, ora simplesmente razoável e prosaico, os salmos têm formado contemplativos desde os primórdios da Igreja e têm fornecido, como as demais partes da Sagrada Escritura, o alimento espiritual básico e constante do misticismo católico.

Os Padres da Igreja e os santos contemplativos, conscientes de que sua mais profunda experiência de Deus estava sempre, de algum modo, associada à liturgia e intimamente dependente dos salmos, têm, algumas vezes, argumentado a *posteriori* que o verdadeiro sentido dos salmos é um sentido oculto e alegórico. É esse que, às vezes, tem sido chamado o sentido *místico* das Escrituras. O sentido literal, com seus combates, triunfos, agonias e preceitos morais é apenas a casca externa. O sentido "real" dos salmos é tido como a medula espiritual à qual se deve chegar pela penetração da "letra". Apegar-se ao sentido literal somente é, de acordo com essa corrente de pensamento, perder todo o significado dos salmos, pois "a letra mata".

Um contemplativo católico instintivamente procura algo mais do que o testemunho de místicos individuais e de santos a respeito de sua experiência de Deus. A contemplação católica é essencialmente fundamentada na verdade dogmática. É mais do que uma busca do Absoluto que pode ser satisfeita por técnicas de recolhimento apropriadas.

O místico católico procura, acima de tudo, o espírito e a verdade de Deus. E ele os procura na Palavra de Deus. Quando se retira do mundo e se coloca nas fronteiras da eternidade é que, de certo modo, espera ver Deus ou, ao menos, ouvir a sua voz.

Se clama a Deus na oração é porque deseja uma resposta. E a resposta que deseja não é apenas a voz da sua própria experiência ou o eco de outra experiência humana como a sua; há de ser a resposta de Deus.

A Igreja nos exorta a procurar, sobretudo, a *teologia* que nos é revelada na Escritura.

A verdadeira função da interpretação escriturística é a de tornar claras as verdades que Deus nos tem revelado sobre si mesmo e sobre sua ação no tempo e na história humana. É isso, acima de tudo, que o contemplativo há de buscar e que não poderá ser encontrado sem um é o respeito pelo sentido literal da Bíblia. Todos os outros sentidos, porém, terão certa importância.

Não tenciono entrar aqui numa discussão técnica sobre os diversos sentidos da Escritura. A própria terminologia seria causa de grande confusão. Basta dizer que há, na Escritura Sagrada, dois sentidos de importância vital para o contemplativo. São estes: o sentido *literal*, que é o que significam as palavras do texto, e o sentido *típico*, que é a significação dos acontecimentos narrados no texto. Todos os outros sentidos da Escritura que têm algum valor teológico podem ser reduzidos a esses dois.

O milagre da serpente de bronze é contado no Livro dos Números (24,6-9). O sentido literal dessa passagem narra, simplesmente, o milagre. Conta-nos o que se passou: os filhos de Israel se queixavam das asperezas de que sofriam no deserto arábico. Como castigo dessas queixas, tornaram-se vítimas das "serpentes ardentes", que os mordiam e matavam muitos. Esse acontecimento ocasionou uma rápida mudança de suas disposições, suplicando o povo a Moisés que intercedesse por ele e o livrasse dessas serpentes. Por ordem de Deus, fez Moisés uma serpente de bronze, expondo-a como um sinal, e quem a contemplasse ficava curado. Até aqui, a letra.

Mas o acontecimento em si tem um significado simbólico. Contém uma verdade oculta, indica outro acontecimento. Na intenção de Deus, significa outra realidade.

No episódio da serpente de bronze, o milagre de Moisés chama-se "tipo" e a realidade significada chama-se "antítipo". O pleno sentido teológico do milagre da serpente no deserto só nos aparece em toda a sua clareza quando vemos o "tipo" realizado no antítipo.

Mas quem nos dirá o sentido típico de determinada passagem da Escritura? Deus, somente. Por quê? Porque o sentido típico da Escritura é um sentido oculto, conhecido apenas pelo seu autor, que é o próprio Deus. Portanto se quisermos descobrir o sentido típico de qualquer parte da Escritura devemos consultar o seu autor. Como? Em sua revelação. Isso quer dizer que para compreendermos com clareza os tipos do Antigo Testamento em seus antítipos, devemos buscar a elucidação do próprio Deus, seja em outra passagem da Escritura, seja por outra fonte da revelação.

No caso da serpente de bronze não há dificuldade, pois Jesus mesmo explicou a Nicodemos que "assim deverá o Filho do Homem ser elevado, para que todo que nele crer não pereça, mas tenha a vida eterna" (Jo 3,14). O mistério oculto no milagre da serpente de bronze é o mistério da Cruz.

Assim como de qualquer outro trecho do Novo Testamento, pode o contemplativo católico servir-se dessa passagem do Livro dos Números como um frutuoso tema de meditação. Com efeito, essa misteriosa "tipologia", que impregna inteiramente o Antigo e o Novo Testamento, explica, em grande parte, o fato de os Padres do Deserto e os santos da Igreja terem podido haurir a contemplação no Ofício Divino.

Jamais devemos confundir "tipologia" e "alegoria". O sentido típico da Escritura não é o alegórico. Na "alegoria" há uma só realidade significada em termos impróprios. Na tipologia há duas realidades, uma significando a outra. O abuso feito, na Idade Média, da alegoria na Escritura, deixou uma marca de opróbrio na interpretação espiritual da Bíblia.

Alguns teólogos, omitindo as distinções necessárias, ainda acreditam que o sentido típico deve ser visto com desconfiança. Uma das características da teologia da Contrarreforma católica foi uma reação contra a alegoria e contra uma interpretação demasiado independente das Escrituras em favor do estudo litúrgico e crítico dos textos sagrados. Ao mesmo tempo, a tendência do pensamento moderno, afastando-se do simbolismo, tem frustrado a necessidade fundamentalmente humana de simbolismo e de metáfora a ponto de pervertê-la: tornamo-nos instintivamente desconfiados daquilo de que estamos famintos.

Um mundo sem imaginação, incapaz de enfrentar o imaterial e incapaz do mais simples esforço para ligar dois termos de uma analogia condena todo o simbolismo como mistificação. Um olhar superficial lançado sobre as alegorias escriturísticas de alguns dos Santos Padres, ou mesmo sobre o *Talmud* e o *Midrashin*[18], é suficiente para confirmar essas suspeitas, sem esperança de melhor compreensão.

De fato, por vezes o "sentido espiritual" da Escritura tem sido estendido a dimensões excessivas. Frequentemente tem-lhe faltado basear-se seriamente na desprezada "letra". É óbvio que um mistério extraído daquilo que a letra não diz não pode ser considerado como revelação divina. Vem não de Deus, mas da imaginação do exegeta. Muitas vezes, também, a extensão do sentido espiritual tem sido exageradamente estimada. Apenas alguns textos da Bíblia são claramente suscetíveis de interpretação mística.

Os judeus já haviam desenvolvido uma interpretação alegórica do Antigo Testamento antes que os Padres da Igreja começassem a produzir sistematicamente comentários "místicos" na mesma linha que os do *Midrashim* judaico. Filo de Alexandria, contemplativo judeu, preparou o caminho para Orígenes, São Gregório de Nissa e uma longa linhagem de exegetas cristãos. Ao mesmo tempo, os gnósticos[19] estavam interpretando o Antigo Testamento em sentido figurado. Mais tarde suas ideias foram retomadas pelos maniqueus.

---

18. Coleções de comentários judaicos das Escrituras [N.T.].

19. *Gnosticismo,* filosofia constituída por mescla de platonismo, orientalismo e cristianismo, e fonte de inúmeras heresias (cf. Franca, Pe. L. *Noções de história da filosofia.* Rio de Janeiro: Agir, 1952, p. 77) [N.T.].

A exegese espiritual cristã começou a aparecer, fragmentariamente, em controvérsias contra judeus, gnósticos e outras seitas. Coube aos apologistas dos séculos II e III a tarefa de provar, contra os gnósticos, que os dois Testamentos, Antigo e Novo, formavam um todo orgânico. E contra os judeus, que o Antigo Testamento era incompleto e, na verdade, incompreensível sem o complemento do Novo. Provas disso eram encontradas na realização das profecias messiânicas literais e confirmadas alhures, misticamente, por "figuras" ou "tipos".

A descoberta desses tipos no Antigo Testamento foi a característica da exegese dos apóstolos e do próprio Cristo, e encontramos afirmado, em todo o Novo Testamento, o sentido típico do Antigo. De fato, as primeiras palavras pronunciadas por São Pedro no Dia de Pentecostes, quando a Igreja, visivelmente repleta do fogo do Espírito Santo, começou a falar em seu próprio nome, foram uma afirmação da realização de todo o Antigo Testamento, na morte e na Ressurreição de Jesus e na formação da Igreja.

São Pedro disse aos judeus, congregados de todas as partes do mundo e admirados de ouvir galileus, discípulos de Jesus, falarem várias línguas, que esse mesmo fato era o cumprimento da palavra messiânica do Profeta Joel: "Nos últimos dias (diz o Senhor), derramarei meu Espírito sobre toda a carne…" A expressão "nos últimos dias" refere-se, naturalmente, ao estabelecimento definitivo do reino messiânico, predito em todo o Antigo Testamento.

São Pedro não tinha necessidade de apelar para nenhuma "figura" oculta no texto de Joel que citava. Os carismas prenunciados pelo profeta verificavam-se com evidência. O Espírito havia sido derramado. O sentido literal da profecia cumpria-se claramente aos olhos de todos. Mas Pedro, partindo daí, argumenta que, se o Reino já havia chegado, se "os últimos dias", "a plenitude dos tempos", tinham chegado, devia ser porque Jesus era o Messias. Pois, de fato, Jesus, a quem haviam crucificado, tinha ressurgido dos mortos. Ele era o Filho de Deus. Competia-lhe derramar o Espírito de Deus sobre a Terra. Tudo isso, argumentou São Pedro, havia sido predito de Cristo nos salmos. E aqui atingimos o verdadeiro sentido espiritual da Sagrada Escritura.

Nos salmos, Davi fala como se não devesse morrer, como se Deus não o devesse deixar "no inferno" nem permitir-lhe "conhecer a corrupção". Deus haveria de fazê-lo ressurgir e assentar-se à sua destra. No entanto Davi estava morto. Não havia ressuscitado nem subido ao Céu e seu Reino desaparecera deste mundo. O que significavam, então, todas essas histórias de vitória sobre a morte e de Reino eterno? "Meus irmãos, diz São Pedro, seja-me permitido falar-vos, com toda a liberdade, do Patriarca Davi, que morreu e foi sepultado, e seu sepulcro está entre nós até o dia de hoje. Mas sendo profeta e sabendo que Deus lhe tinha prometido com juramento que um dia sua descendência sentar-se-ia sobre seu trono, profeticamente falou da Ressurreição de Cristo, que não foi deixado na mansão dos mortos, nem sua carne viu a corrupção" (At 2,29-31).

Os apóstolos viam nos salmos não apenas pronunciamentos de Davi, mas do Cristo vindouro. Deus mesmo, que falava por Davi e que devia encarnar-se como "Filho de Davi", falava da sua própria vinda como o Cristo. Por toda a parte, o sentido "místico" da Escritura nos mostra Deus manifestando-se gradativamente no mundo, e manifestando não somente sua natureza divina e seus atributos, mas também seu plano para a salvação dos homens, plano que é finalmente revelado em seu cumprimento e só plenamente conhecido por aqueles *em quem é realizado*.

Orígenes e a escola exegética de Alexandria levaram a interpretação espiritual da Sagrada Escritura a um alto grau de perfeição. A influência de Orígenes devia estender-se à Idade Média, apesar da reação da Escola de Antioquia, que desconfiava um tanto da liberdade com que a interpretação "mística" manejava a Escritura Sagrada e voltou a acentuar com mais cautela a "letra".

Uma das interessantes consequências da distinção que Orígenes fazia entre "letra" e "espírito" era que o "sentido espiritual" revelava seus segredos somente aos mais avançados, os perfeitos na vida espiritual. Estava, por isso, estreitamente associada à santidade e à *gnosis*[20] – contemplação.

---

20. *"Gnosis"* ou *conhecimento perfeito*. Segundo Clemente de Alexandria, é o elemento mais marcante e característico da perfeição. Conforme o Padre Le-

A profusão de textos do Antigo Testamento usados, em sentido típico, pela Igreja em sua Liturgia, tendia a confirmar a inclinação originista, sem por isso sancionar todos os seus exageros. Ao mesmo tempo, a desconfiança da escola antioquena em relação ao "sentido espiritual" acabou atraindo sobre si uma condenação aberta pelo seu literalismo exagerado na interpretação da Sagrada Escritura.

Teodoro de Mopsvéstia, que havia comentado os salmos e reduzido o número de "tipos" messiânicos a um estrito mínimo, foi condenado pelo II Concílio de Constantinopla. Esse autor sustentara que os salmos messiânicos eram somente sete. Quatro eram em sentido literal e três em sentido típico. A razão verdadeira dessa condenação foi o seu nestorianismo, do qual esse erro exegético era apenas resultado e expressão.

É interessante notar que o valor do sentido espiritual e literal da Sagrada Escritura está sendo debatido hoje em dia com quase o mesmo ardor que suscitava nos séculos III e IV – embora o debate não atinja, na verdade, tão grande número de pessoas e possa ser efetuado sem provocar repercussões políticas.

---

breton, *gnosis* "não é uma ciência nascida da especulação humana, mas *um conhecimento religioso* mais alto, devido a uma revelação especial; é uma *intuição,* que incita aquele que dela goza, a mistérios vedados ao homem comum. Transforma sua vida moral e religiosa, tornando-o amigo de Deus, igual, e mesmo superior, aos anjos" (Cayré, F. *Précis de patrologie.* vol. I. Paris: Desclée de Brouwer, 1930, p. 178) [N.T.].

Paul Claudel, por exemplo, tem-se mostrado ardoroso campeão do sentido "espiritual" das Escrituras, comentando, ele próprio, alguns livros do Antigo Testamento – Ruth, O Cântico dos Cânticos e outros –, fazendo uso da velha tradição "alegórica", de maneira um tanto livre e pessoal. Os comentários de Claudel têm, antes, valor literário, e não exegético. Constituem boa leitura e prestam-nos o serviço de acentuar o caráter *poético* de livros poéticos.

Isso, porém, não quer dizer que as belas intuições de Claudel sobre o valor poético do texto penetrem sempre, necessariamente, o verdadeiro sentido do autor inspirado. Paul Claudel simplesmente rebelou-se contra a tolice e o mau gosto de uma geração de comentadores, ora se extinguindo, que teve o peculiar talento de enterrar o essencial debaixo de uma camada de pormenores inúteis. De que adianta uma erudição tão míope que nem é capaz de reconhecer o caráter literário do livro que pretende estudar? Poderá, acaso, um poema ser compreendido se é tratado apenas como um documento arqueológico? No entanto, quando o poema é realmente antigo, precisamos mais do que a afinidade conatural do gosto poético para conseguir penetrar seu verdadeiro sentido.

Outros intérpretes da Sagrada Escritura têm ido demasiadamente longe em sua reação contra o racionalismo e a crítica bíblica. Acabaram por asseverar que certos problemas de exegese só podem ser resolvidos apelando para um sentido oculto espiritual, sem nenhuma necessidade de um exame científico da letra. A Santa Sé, que está impulsionando fortemente os exegetas a nos fornecerem uma edição crítica da Bíblia e que encoraja todas as formas de estudo científico das Escrituras, já condenou esse fútil expediente.

Ao mesmo tempo, Pio XII, em sua Encíclica *Divino Afflante Spiritu*, chamou-nos a atenção sobre a maneira certa de fazer uso do sentido espiritual na Escritura e, mais uma vez, exortou os intérpretes da Bíblia a voltarem aos Santos Padres e fazerem uso de seus trabalhos nessa matéria.

A tarefa mais importante do estudioso da Sagrada Escritura, diz Pio XII, é descobrir e explicar o verdadeiro sentido dos livros que a Igreja crê terem a Deus por autor. O estudo das línguas antigas, da arqueologia, da história bíblica, o uso de todos os processos modernos que esquadrinham os textos e as versões da Bíblia têm apenas um fim: levar-nos a uma compreensão mais profunda e mais acertada daquilo que Deus revelou para a nossa salvação. A tarefa máxima do exegeta é, naturalmente, descobrir o sentido literal das Escrituras. Sem isso, a tipologia seria pura ilusão.

Contudo, lastima o Santo Padre o fato de que tantos comentadores tenham se aplicado, quase exclusivamente, a assuntos referentes à "história, filologia e as outras ciências auxiliares". É desejo da Igreja, acima de tudo, que o conteúdo pleno da revelação torne-se conhecido, e isso de maneira acessível a todos. Ora, o pleno sentido teológico da Bíblia, como o indica claramente Pio XII na Encíclica que estamos examinando, não pode ser atingido senão pela compreensão do sentido espiritual. Ainda que a letra da Sagrada Escritura em si tenha que nutrir uma vida interior profunda, devemos também compreender o sentido espiritual e, aqui, o Santo Padre dá uma descrição simples do que seja verdadeiramente o sentido "místico" da Escritura Sagrada:

> Tudo que foi dito e feito no Antigo Testamento foi ordenado por Deus sapientíssimamente, e disposto, de modo que as coisas passadas prefigurassem espiritualmente as futuras que deviam realizar-se no Novo Testamento da graça. Por isso o exegeta deve encontrar e expor o sentido literal das palavras que o hagiógrafo pretendia exprimir, como também deve indagar o espiritual nas passagens em que realmente conste que Deus o quis expressar. De fato, esse sentido espiritual só Deus o pode conhecer e revelar. Ora, esse sentido indica-o e ensina-o o próprio Salvador nos Evangelhos; e, seguindo o exemplo do Divino Mestre, usam-no os apóstolos falando e escrevendo; apontam constantemente a tradição da Igreja; e, finalmente, o mais antigo uso da liturgia o proclama cada vez que se pode, com justeza, a aplicar o conhecido princípio: "A lei de orar é a lei de crer". Esse sentido espiritual, portanto, pretendido e ordenado por Deus, descubram-no e exponham-no os exegetas católicos com a diligência que requer a dignidade da palavra divina; abstenham-se, porém, escrupulosamente, de apresentar como sentido genuíno da Sagrada Escritura outros significados figurativos das coisas[21].

---

21. *Divino Afflante Spiritu*. Petrópolis: Vozes [Documentos Pontifícios, n. 27].

Um aspecto importante do sentido místico das Escrituras foi desenvolvido pelos padres da Escola Alexandrina. Tratava-se da aplicação das figuras do Antigo Testamento à vida interior da alma que já recebeu em si o Reino de Deus por meio da caridade nela derramada pelo Espírito enviado por Cristo. De acordo com esse sentido moral, já indicado nas cartas de São Paulo, as realidades externamente cumpridas no mistério de Cristo são, ao mesmo tempo, realizadas de um modo que lhes é próprio, nas almas dos que penetraram nesse mistério e dos quais Cristo é a vida.

Afirmam os autores do Novo Testamento, constantemente, que a *Pascha Christi*, a descida do Verbo de Deus a este mundo, sua morte na Cruz, sua Ressurreição e sua ascensão, abrindo os céus aos filhos dos homens, é a realização daquele "tipo" que foi o êxodo dos judeus ao saírem do Egito.

Os profetas do Antigo Testamento já haviam visto nesse êxodo uma profecia da volta dos judeus do outro cativeiro na Babilônia. Os próprios cristãos viam, na volta da Babilônia a Jerusalém, um "tipo" do Reino messiânico, o estabelecimento da Igreja. Afinal, não fora Jerusalém destruída e os judeus dispersos até os confins da Terra? Do mesmo modo, poder-se-ia legitimamente arguir que a própria Igreja sempre foi objeto de ataques e jamais está segura neste mundo, mas a Igreja fixa seu olhar além, para a realização final e definitiva do Êxodo, quando todos os redimidos subirão, na glória, ao Céu, e o tempo não mais existirá.

Enquanto isso, estamos passando pelo deserto a caminho da Terra Prometida.

Ora, o que está plenamente realizado em Cristo, na Igreja e em seus sacramentos, encontra sua realização em cada alma que, pelos sacramentos, entra no "mistério de Cristo", a *Pascha Christi*, e o vive. Por isso a interpretação espiritual da Escritura descobre uma evidente continuidade entre o primogênito dos judeus, poupado pelo anjo exterminador por causa do sangue do Cordeiro Pascal, Jesus, primogênito de uma nova humanidade, vencendo a morte por seu próprio sangue e, finalmente, o cristão marcado com o sangue desse verdadeiro Cordeiro de Deus no Sacramento do Batismo, que o "sepulta na morte de Cristo"[22]. A única e mesma graça presente na Antiga e na Nova Lei – pois toda graça e toda santificação vêm de Cristo – garante uma semelhança essencial entre a experiência do povo escolhido no deserto; a experiência dos profetas, que não somente prenunciaram o Cristo, mas o prefiguraram; a experiência do próprio Cristo e, finalmente, a experiência dos santos, misticamente unidos ao Cristo. Tudo isso é operação de um mesmo Espírito, que nos revela, na Escritura, o plano de sua obra, as modalidades do seu agir e a realização de seus desígnios.

Naqueles que aceitam "a palavra da Cruz" que lhes é pregada, o mesmo Espírito Santo começa logo a operar o

---

22. Daniélou, J. *Bible et liturgie*. Paris: [s.e.], 1951; Daniélou, J. *Sacramentum Futuri*. Paris: [s.e.], 1950.

mistério da Cruz. O ato inicial de fé, que nos dá entrada pela graça nos mistérios divinos prefigurados e realizados nas Escrituras, reproduz em nós a morte de Cristo e sua Ressurreição dentre os mortos. Mesmo do ponto de vista psicológico, o ato de fé se assemelha à passagem do Mar Vermelho e a uma viagem no coração de um país devastado e sem vegetação, onde o alimento é milagroso. À medida que crescemos na fé, o mistério do êxodo e a *Pascha Christi* tendem a se tornar cada vez mais uma questão de experiência em nossa vida. No entanto, essa experiência, em si, não é importante: é apenas o efeito acidental de uma realidade teológica mais profunda, infinitamente além de toda experiência: *é o próprio Deus em nós.*

Enfim, a compreensão espiritual da Escritura nos leva a uma percepção mística da presença do Espírito de Deus em nós, vivendo e operando em nossa alma, executando, por seu poder misterioso, em nossa vida, os mesmos atos salvíficos que vemos prefigurados e, depois, realizados no Antigo Testamento. Foi essa a profunda verdade na qual São João da Cruz baseou sua teologia mística que, como já o mostramos alhures, está inteiramente centrada no mistério de Cristo, e dependente dele[23].

Mas é necessário nos lembrarmos de que essa experiência é, em si, apenas acessória e acidental. A realidade substancial de nossa vida espiritual é nutrida e mantida

---

23. Merton, T. *The ascent to truth*. Londres: [s.e.], 1951, p. 224 [Edição brasileira: traduzida por Dom Timóteo Amoroso Anastácio, OSB. Belo Horizonte: Itatiaia, 1957].

pela fé, pela esperança e pela caridade, por intermédio da instrumentalidade dos sete sacramentos. Esses sacramentos são o prolongamento, na nova Lei, das "grandes obras de Deus" na Lei Antiga. Toda a vida sacramental e litúrgica da Igreja não apenas contempla as maravilhas de Deus no Antigo Testamento, não somente as comenta e torna presentes; na verdade, vive-as e realiza-as.

A Igreja é feita de indivíduos, de homens vivos. É uma espécie de "pessoa mística" composta de muitas pessoas que são "uma" em Cristo e compartilham da sua vida divina. O sentido místico da Sagrada Escritura é, portanto, não apenas alguma coisa que a Igreja *estuda*, mas algo que Ela *vive* e é. Isso, porém, não se pode realizar se nós, que somos a Igreja, não fizermos, em nossa vida, a experiência do mistério de Cristo. Eis por que a Liturgia quer nos fazer voltar constantemente ao início para recomeçarmos o caminho que leva àquilo que verdadeiramente somos, através das figuras e dos tipos que prenunciaram o Cristo total, a cabeça e os membros, o Jesus que morreu no Calvário e que vive em nós, que morre em nós para que outros possam nele viver.

O uso proveitoso da Liturgia pode, portanto, resumir-se nessa experiência do mistério de Cristo. A oração litúrgica não se esforça por elevar-nos àquilo que não somos, lembra-nos que já fomos, até certo ponto, transformados; assegura-nos que os inícios de uma transformação são o penhor e a prefiguração do remate. Portanto a compreensão espiritual do saltério não nos iniciará em alguma técnica esotérica de oração nem tentará suscitar em nossa mente algum estado psicológico especial. Acima de tudo, ela nos dirá não apenas aquilo que deveríamos ser, mas aquilo que, espantosamente, já *somos*. Dir-nos-á, repetindo-o incansavelmente, que somos o Cristo neste mundo, que Ele vive em nós e que o que foi dito dele já foi e está sendo realizado em nós; e que a última e mais perfeita das realizações está, neste momento, pelas virtudes teologais de fé, esperança e caridade, colocada em nossas mãos. Assim, a Liturgia da terra é, necessariamente, uma com a Liturgia do Céu. Estamos, ao mesmo tempo, no deserto e na Terra Prometida. Os salmos são nosso Pão do Céu na solidão do nosso Êxodo.

4 Cânticos da cidade de Deus

Temos somente um Mestre de vida espiritual, um Mestre nos caminhos da oração: Cristo. *Unus est Magister vester, Christus*. A Igreja, o Corpo Místico de Cristo, continua entre nós seu magistério e sua obra de santificação. Tem ela por fim, obrigação e função levar todos os homens ao conhecimento, ao amor e à contemplação de Deus e "restaurar todas as coisas em Cristo", luz do mundo. À Igreja, portanto, foi confiada a maior de todas as funções: a de realizar plenamente a intenção de Deus ao criar o universo e o homem.

O sentido da existência humana está nas mãos da Igreja; de seus sacramentos, sua liturgia e seu sacerdócio depende o destino do homem. Mas os poderes de ensinar e de santificar da Igreja são inseparáveis de sua jurisdição. Ensina e administra os sacramentos em virtude de uma autoridade que lhe foi divinamente outorgada e tem o poder de sustentar seus ensinamentos e seu ritual com pronunciamentos doutrinais e decretos disciplinares.

Se quisermos nos tornar contemplativos, é por todos esses meios que haveremos, remota ou mais diretamente, de sermos formados. A Igreja, e somente ela, pode, eficazmente, dirigir-nos à oração mística. É ela que nos deve guiar em nossa compreensão da Sagrada Escritura, assim como no uso que fazemos do texto inspirado para nossa oração litúrgica. Mas, ao mesmo tempo, é a Igreja que nos protege em nossa liberdade interior, defendendo-nos contra a tirania das restrições impostas por sistemas humanos e "escola de espiritualidade" que poderiam tender a reduzir-nos a um ponto de vista esotérico particular e fazer de nós católicos mutilados.

A Liturgia da Igreja é uma escola de contemplação ao mesmo tempo segura e universal. Por quê? É que a Igreja é guiada pelo Espírito de Deus, que tudo abraça em sua infinita simplicidade. O Espírito Santo é a vida da Igreja e é, também, a fonte e o motor de sua oração. É o Espírito Santo quem ora na Liturgia, e quando rezamos com a Liturgia, o Espírito Santo, Espírito de Cristo, reza em nós. Ele nos ensina a orar, orando em nós. Não somente nos dá as palavras que devemos proferir e cantar, como as canta, Ele próprio, em nossos corações. E quando, como inevitavelmente há de acontecer, estamos longe de compreender ou apreciar o que significam essas orações, o Espírito de Deus "auxilia a nossa fraqueza", pedindo por nós com um fervor de infinito amor que jamais seremos capazes de compreender.

Diz São Paulo que "nenhum homem conhece as coisas de Deus, mas somente o Espírito de Deus as sabe". "Ora, não recebemos o espírito deste mundo, mas o Espírito que é de Deus, para que possamos conhecer as coisas que nos são dadas por Deus" (1Cor 2,11-12). Esse texto nos diz, com evidência, não apenas que toda a nossa contemplação é obra produzida em nós pelo Espírito Santo, mas também que o Espírito Santo nos ensina a contemplação nas Escrituras, por ele próprio inspiradas, porque a palavra revelada por Deus é uma das mais importantes entre essas "coisas que nos são dadas por Deus".

É, pois, o Espírito Santo que nos conduzirá à contemplação, desvendando-nos as profundezas do sentido oculto nos salmos. Nós o recebemos, esse Espírito Santo, no batismo. Nosso progresso na vida sobrenatural, que é também a vida de oração interior, significa, normalmente, uma *revelação* progressiva de Deus a nós, em nossas almas e em todos os dons que nos faz.

Sendo a missa mistério central de toda a economia cristã, o sacrifício no qual Cristo se oferece ao Pai pelos pecados do mundo é o centro da Liturgia. Mas, por meio dos sacramentos, dos sacramentais e, sobretudo, do Ofício Divino, a Igreja procura vivificar cada instante do dia do cristão e tudo aquilo que constitui sua vida, com torrentes de graça e de vontade que jorram da Cruz de Cristo e se derramam em nossas almas. O Papa Pio XII, em sua Encíclica sobre a Liturgia[24], fala dessa grande obra de santificação em termos que dão a entender aos que estão familiarizados com a tradição mística cristã que a contemplação é o remate normal da vida litúrgica.

Diz o Papa: "A melhor forma e disposição da vida cristã consiste em que todo indivíduo esteja intimamente e sempre unido a Deus". Continua o Santo Padre:

> E por isso o culto prestado pela Igreja a Deus, e que se funda principalmente sobre o Sacrifício Eucarístico e uso dos sacramentos, é ordenado e organizado de modo a abraçar, pelo Ofício Divino, as horas do dia, as semanas, todo o curso do ano, e atingir todos os tempos e as várias condições da vida humana[25].

Na mesma Encíclica, Pio XII descreve a atividade interior da alma que se entrega à oração litúrgica e mostra como uma participação ativa à Liturgia leva à união com Deus.

Diz o Papa:

> Não se trata, portanto, da recitação somente ou do canto, que, embora sendo mesmo perfeitíssimo segundo as regras da música e dos sagrados ritos, não atinge mais do que os ouvidos; mas, sim, antes de tudo, da elevação da alma e do coração a Deus, para

---

24. Papa Pio XII. *Mediator Dei*. Salvador: Beneditina, 1948 [Tradução de Dom Gabriel Beltrão, OSB].

25. *Ibid.,* III Parte.

que a Ele, nós mesmos unidos a Jesus Cristo, com todas as nossas ações, inteiramente nos consagremos.

Para que os salmos possam realizar a função que a tradição cristã sempre lhes atribuiu, que é a de dispor as almas à união com Deus, devem não somente "elevar os corações e as mentes dos homens até Deus", mas também inspirar-nos uma total entrega de nós mesmos a Ele. Finalmente, e acima de tudo, o mais importante é que esse dom de nós mesmos deve ser feito em Cristo e com Cristo. Nossos sacrifícios não têm valor sobrenatural algum, a não ser na medida em que estão unidos ao único sacrifício, único aceito por Deus e infinitamente agradável aos seus olhos.

Há uma contemplação própria ao metafísico na qual a mente do homem pode repousar numa intuição pura, mas abstrata, de um "ser infinito". Ora, não é isso que, para o cristianismo, significa "elevar o espírito e o coração a Deus". O cristianismo não se contenta em encontrar Deus em sua imanência – tal como Ele está presente nas profundezas metafísicas de tudo quanto existe –, mas procura-o, também, em sua infinita transcendência.

Deus está tão acima de todos os seres que não podemos dizer dele que Ele "é" no mesmo sentido que o dizemos das coisas contingentes. Nenhum sistema de ascetismo, nenhum culto místico, por mais esotérico, por mais puro que seja, será capaz de transpor o abismo que existe entre nós e esse transcendente Criador de todo ser. E, contudo, Ele é nosso Criador e nosso Pai; podemos falar-lhe e ouvir sua resposta. De que modo? Isso podemos porque se revelou a nós em nossa própria linguagem e nos deu palavras humanas para louvá-lo e a Ele rogar. Mais ainda, desce à nossa esfera e toma parte em nossa própria vida. Manifestou-se não somente na criação e na revelação, mas nos atos divinos e misteriosos, pelos quais entrou uma história humana e a apropriou a si, de modo que a Cruz de Cristo se tornou a chave de uma história, cujo propósito é separar a Cidade de Deus da cidade deste mundo, simbolicamente chamada Babilônia.

Os salmos são os cânticos dessa Cidade de Deus. São, portanto, a voz do Corpo Místico de Cristo. São os cânticos de Cristo, o cantar de Deus neste mundo. Cantando-os, nós nos incorporamos mais plenamente ao mistério da ação de Deus na história humana.

O Papa Pio XII insiste nessa doutrina católica tradicional. Diz-nos, na *Mediator Dei*: "O Verbo de Deus, assumindo a natureza humana, trouxe a esta terra aquele hino que na corte celeste se canta eternamente. Ele une e associa a si a comunidade inteira da humanidade no canto desse hino de louvor".

No mesmo trecho, o Papa ilustra o que acaba de dizer citando um comentário de Santo Agostinho sobre os salmos. Teólogo algum explanou com maior clareza e precisão a doutrina do Corpo Místico de Cristo do que Santo Agostinho, que, em toda a força do termo, é o mais católico dos Santos Padres, pois seus horizontes teológicos nunca se reduzem a proporções menos amplas do que as que abraçam o "Cristo total". Não somente em sua obra *A cidade de Deus*, mas precisamente em sua exegese dos salmos, Santo Agostinho nos desvenda o mistério de nossa união com Deus em Cristo. Aí nos mostra, acima de tudo, que a Liturgia é a voz de Cristo.

Que há de mais evidente do que as palavras de São Pio X no "Motu Proprio" de 1903? Na contemplação, como em tudo que é cristão, "a Liturgia é a fonte primordial e indispensável de um espírito cristão genuíno".

5 Erros a evitar

Se um contemplativo atribuísse à missa e ao Ofício Divino um valor secundário em sua vida interior, correria o sério risco de não progredir na oração e até de cair em uma ilusão. Há, porém, aqui, uma distinção a fazer. É preciso admitir que a vocação individual à oração contemplativa é condicionada pelo temperamento individual; e haverá sempre almas que encontrarão habitualmente, paz consciente e mais profunda, e maior absorção na presença de Deus, quando silenciosas e em solidão do que quando em oração no coro.

Falando de modo geral – e aqui seguimos a autoridade de São João da Cruz –, a alma por Deus chamada à contemplação infusa é, por esse mesmo fato, chamada a um estado de "tranquilidade sossegada, em que lhe é abundantemente infundido o espírito da Divina Sabedoria, que é amoroso, tranquilo, solitário, pacífico, suave e inebriador do espírito". Então a alma se sente "terna e mansamente ferida e arrebatada sem, todavia, saber por que, de onde, nem como"[26].

É importante que essas almas compreendam que as graças do Ofício, de fato, nutrem e estimulam a contemplação solitária. Após haverem cantado os salmos no coro serão mais segura e suavemente atraídas a essa íntima absorção em Deus; e quanto mais fervorosas tiverem sido ao cantar esses louvores de Deus no coro, tanto maior será o fruto que hão de colher da comunhão silenciosa em que, uma vez terminado o Ofício, o Espírito Santo as inspira a prolongar sua oração.

São Bento não esperava que todos os seus monges recebessem tais graças, mas legislou expressamente a fim de proteger os que as recebessem e de impedir que fossem distraídos ou perturbados por seus irmãos mais ativos[27].

O âmago da oração contemplativa é um despojamento de si que assimila a alma a Deus e a habilita a receber aqueles "toques" sobrenaturais da graça que a tornam consciente de Deus tal como é em si mesmo; não por intermédio de ideias e representações, incapazes de o apresentarem à alma tal como Ele é em si mesmo, mas no contato imediato de amor, na treva. O segredo da contemplação está na entrega do nosso ser a Deus.

---

26. *Chama viva de amor,* III, 38, p. 914 [Tradução de Carmelo de Fátima, Portugal].

27. Regra de São Bento, cap. 52. *Expleto Opere Dei omnes cum summo silentio exeant, et agatur reverentia Deo, ut Frater, qui forte sibi peculiariter vult orare, non impediatur alterius improbitate.* Cf. cap. 20: *Brevis debet esse et pura oratio: nisi forte ex affectu inspirationis divinae gratiae protendatur.*

Esse é também o segredo do saltério. Deus dar-se-á a nós pelo saltério se nos dermos a Ele, sem reserva, na recitação dos salmos. Isso supõe três coisas: uma fé pura, um imenso desejo de amor e, sobretudo, uma firme esperança de encontrar Deus oculto em sua palavra revelada. Dizer isso é, apenas, declarar que cantar dignamente o Ofício Divino supõe o exercício constante e perfeito das virtudes teologais, que são o único caminho para a oração contemplativa.

II
Poesia, simbolismo e tipologia

1 Poesia, simbolismo e tipologia

Os salmos são poemas e poemas têm um sentido – ainda que não caiba ao poeta a obrigação de torná-lo imediatamente claro a alguém que não queira fazer esforço para descobri-lo. Dizer, porém, que os poemas têm um sentido não significa que devam, necessariamente, transmitir informações práticas ou mensagens explícitas.

Na poesia, as palavras estão cheias de sentido, mas de modo muito diverso das palavras de uma página de prosa científica. As palavras de um poema não são meramente sinais de conceitos; são ricas, também, em associações afetivas e espirituais. O poeta serve-se de palavras não apenas para fazer declarações e citar fatos. É isso, geralmente, a última coisa que o preocupa. Acima de tudo, procura reunir palavras de tal maneira que exerçam entre si misteriosa e vital reação, libertando, assim, o conteúdo secreto de associações, a fim de produzir no leitor uma experiência que lhe enriqueça as profundezas do espírito de modo absolutamente único.

Um bom poema leva a uma experiência que não poderia ser suscitada por outra combinação qualquer de palavras. É, portanto, uma entidade dotada de individualidade que lhe dá cunho particular, diferente de toda outra obra de arte. Como todas as grandes obras de arte, os verdadeiros poemas parecem viver uma vida inteiramente própria. Portanto o que devemos procurar num poema não é alguma referência acidental a algo que lhe seja exterior e, sim, esse princípio interior de individualidade e vida que lhe é alma ou "forma". O que o poema realmente "significa" só pode ser avaliado pelo conteúdo total da experiência poética que é capaz de produzir no leitor. É justamente essa experiência poética total que o poeta tenta comunicar ao resto do mundo.

É de suprema importância, para aqueles que leem os salmos e os cantam, na oração pública da Igreja, apreender, se possível, o conteúdo poético desses magníficos cantos. Não é que o dom poético tenha sido concedido a todos os homens com igual liberalidade. Mas é ele, infelizmente, necessário não somente aos que escrevem poemas, mas também, até certo ponto, aos que os leem.

Isso não quer dizer que a recitação do Ofício Divino seja uma recreação estética, cujas plenas possibilidades só possam ser compreendidas por iniciados, dotados de apurado gosto e ornados de certa cultura artística. Quer, porém, dizer que o tipo de leitor cujos atrativos poéticos se sentem plenamente satisfeitos pelas rimas do Burma Shave®[28], exibidas nas estradas nacionais americanas, poderá achar um tanto difícil conseguir aproveitar alguma coisa dos salmos. Creio, no entanto, que a razão pela

---

28. Espuma de barbear [N.T.].

qual tantos não conseguem compreender os salmos – além do fato de nunca se sentirem bastante à vontade, nem mesmo com o latim da Igreja – é que as faculdades poéticas latentes jamais foram despertadas em seu espírito por alguém capaz de lhes indicar que os salmos são, realmente, poemas.

Ora, sendo os salmos poemas, sua função é de nos fazer participar da experiência poética dos que os escreveram. Sejam quais forem o cuidado e o espírito científico com que pudermos interpretar as palavras dos salmos e estudar seu ambiente histórico, se essas investigações não nos ajudam a penetrar na experiência poética por eles transmitidas, são de valor limitado para nos mostrar o que Deus neles revelou, pois o conteúdo revelado do saltério é *poético*. Portanto, que fique claro que sendo o escritor inspirado um instrumento do Espírito Santo que, conforme a fé católica, é o verdadeiro autor dos salmos, o que é revelado no saltério o é na *poesia* do saltério, e só plenamente apreendido numa experiência poética análoga à experiência do escritor inspirado.

Contudo, quando falo da poesia do saltério e do conteúdo transmitido por sua forma poética, não quero inferir ser necessário que todos leiam ou rezem os salmos no original hebraico, no qual, unicamente, têm sua autêntica e integral forma artística. Imagino que todo contemplativo desejasse, um dia ou outro, poder cantar os salmos na mesma língua em que foram cantados por Jesus aqui na Terra e em que Ele os pronunciou ao morrer na Cruz! É essa uma aspiração que poucos entre nós poderão algum dia satisfazer. Mas é acidental.

De fato, a simplicidade e a universalidade dos salmos, como poesia, torna-os acessíveis a todas as mentes, em todos os tempos e em qualquer língua. Creio que nosso senso poético deve estar embotado de maneira invulgar se nunca, em ocasião alguma, conseguimos compreender os salmos sem ficar, de certo modo, comovidos por seu profundo e universal valor religioso.

São os salmos mais do que poesia: são poemas *religiosos*. Isto é, a experiência que transmitem – e da qual o leitor deve procurar participar – é uma experiência não só poética, mas religiosa. A poesia religiosa – não falo aqui de rimas devotas – é poesia que brota de uma verdadeira experiência religiosa. Não quero com isso dizer tratar-se, necessariamente, de experiência mística. A poesia devota é a que maneja temas religiosos em versos, talvez mesmo a um nível realmente poético. Mas a experiência que contém é, no máximo, apenas poética. Às vezes, nem isso é.

Muito daquilo que passa por poesia "religiosa", outra coisa não é senão o arranjo de fórmulas devotas bem conhecidas, inteiramente desprovidas de qualquer assimilação poética pessoal. É um jogo em que almas de piedade, sem dúvida sincera, deslocam, sobre um tabuleiro poético, um certo número de batidas chapas devotas. É essa atividade estimulada por intenção basicamente religiosa, caso o poema seja escrito para a glória de Deus ou a salvação das almas. Esses poemas, no entanto, raramente "salvam" as almas. Lisonjeiam os que já estão confortavelmente "salvos", mas irritam aqueles que realmente necessitam de salvação.

Um poema verdadeiramente religioso não nasce apenas de um propósito religioso. Nem poesia, nem contemplação são feitas de "boas intenções". De fato, um poema não brota de uma necessidade espiritual mais profunda do que uma intenção devota, inevitavelmente há de parecer, ao mesmo tempo, forçado e desenxabido. Arte que é "forçada" não é arte e tende a exercer sobre o leitor o mesmo efeito perturbador que a piedade forçada e a tenção religiosa sobre aqueles que fazem força para se tornarem contemplativos, como se a contemplação infusa pudesse ser o resultado do esforço humano e não um dom de Deus. Parece-me que seria melhor se tal poesia não fosse escrita, pois tende a confirmar os incrédulos na desconfiança de que a religião amortece ao invés de nutrir tudo que há de vital no espírito do homem. Os salmos são, ao contrário, os mais simples e, ao mesmo tempo, os maiores poemas religiosos.

Ninguém porá em dúvida o verdadeiro conteúdo religioso dos salmos. São os cânticos de homens – e Davi foi o maior deles – para quem Deus era mais do que uma ideia abstrata, mais do que um glacial relojoeiro, sentado em sua torre enquanto o mecanismo do universo que lhe pertence gira no espaço, sem seu concurso. Tampouco é o Deus dos salmos, simplesmente um ser absoluto, imanente, produzindo, das profundezas de algum ser metafísico, um cortejo sem fim de fenômenos. Os salmos não são encantamentos para nos embalar até que adormeçamos no seio de um tal ser.

O simbolismo humano do saltério, por mais simples e primitivo que seja, não nos deve iludir de maneira a pensarmos que o Deus de Davi fosse um Deus "antropomórfico". Tal engano só poderia ocorrer a materialistas que houvessem perdido completamente o senso poético da forma e, além disso, que houvessem se esquecido da violenta insistência dos grandes profetas judeus em proclamar a transcendência e a infinita espiritualidade de Javé, colocado tão acima do que se possa imaginar que nem mesmo tinha um nome pronunciável.

O Deus do saltério está "acima de todos os deuses", isto é, acima de tudo aquilo que pode ser representado e adorado sob forma de imagem. Para alguém capaz de penetrar o conteúdo poético do saltério, claro é que o conceito de Davi com relação a Deus era inteiramente puro. E, no entanto, esse Deus, que "está acima de todos os céus", está "perto daqueles que o invocam". Ele, que está acima de todas as coisas, também em todas se encontra e pode, através de todas elas, manifestar-se[29].

Os salmistas, quando viam a Deus no simbolismo cósmico do universo por Ele criado, sentiam-se transportados por um êxtase de júbilo:

---

29. Cf. *Missal Romano:* Coleta da Missa da Dedicação de uma Igreja.

Os céus publicam a glória do Senhor;
obra de suas mãos, o firmamento a proclama:
o dia transmite ao dia o seu relato,
e a noite à noite o transmite.
Não por falas ou linguagem
ou voz que se possa ouvir, as suas linhas se estendem
    por toda a terra, e até os confins do mundo suas
    palavras.
Lá no alto, para o sol, ele ergueu uma tenda,
e este, como o esposo que sai do tálamo,
vai, cheio de ardor, perfazer o seu curso...
(Sl 18,2-7).

Louvai a Deus, do alto dos céus,
louvai a Deus nas alturas;
louvai-o, seus anjos todos,
exércitos todos, louvai-o.
Louvai-o, ó sol e lua,
ó astros todos de luz,
louvai-o, ó céus dos céus,
ó águas por sobre os céus.
Que eles louvem o nome de Deus,
porque mandou, e foram feitos;
e os colocou para sempre
sob uma lei que não cessa.
Da terra, louvai a Deus,
monstros marinhos e abismos,
fogo e granizo, neve e bruma,
ventos que as ordens lhe cumpris.
Montanhas e colinas,
árvores de fruto e cedros todos,
feras e rebanhos,
réptil e pássaro que voa.
Reis da terra, povos todos,
e príncipes e juízes, e jovens e virgens,
velhos e crianças.
Louvor ao nome de Deus,
pois só Ele é grande!
(Sl 148,1-13).

Enquanto temos tendência a considerar o Antigo Testamento como uma crônica de temor, em que os homens se achavam longe do seu Deus, esquecemo-nos quantos patriarcas e profetas parecem ter caminhado ao lado de Deus com algo da intimidade e simplicidade de Adão e Eva. Isso se evidencia, sobretudo, nos tempos dos primeiros patriarcas, aos quais o poeta metafísico galês Henry Vaughan se refere quando diz:

> Meu Deus, quando passo nesses bosques
> Em que sopra o teu espírito pelas palmas
> Eu vejo em cada sombra que se move
> Um Anjo a conversar com um homem.
> Em alguma casa sob o junípero,
> Ou o fresco dossel de um cipreste.
> Ou então aos verdes ramos de um carvalho,
> Ou borbulhante olho de uma fonte.
> Aqui sonha Jacob, e luta; mais adiante
> Elias é nutrido pelo corvo,
> E outra vez pelo Anjo, quando este
> lhe traz a água e o pão.
> Na tenda de Abraão os alados viajores
> (Ó, como era então familiar o céu!)
> Comem, bebem, conversam, sentam-se
> e permanecem
> Até que venha, sombria e fresca, a tarde.

Com a sucessão dos tempos, a lembrança dessa revelação primeira de Deus parece ter fenecido; mas ainda se encontra, viva, no saltério. David está ébrio do amor de Deus e cheio do senso primitivo de que o homem é o *leitourgos*, ou o Sumo Pontífice de toda a criação, nascido com a função de exprimir, na "Liturgia", todo o testemunho de louvor que a muda criação não pode, por si própria, oferecer ao seu Deus.

No saltério, o papel do simbolismo cósmico é muito importante. A revelação de Deus ao homem pela natureza não é propriedade exclusiva de religião alguma. Toda a raça humana dela participa, pois é a base de todas as religiões naturais (cf. Rm 18; At 14,15). Ao mesmo tempo, a visão de Deus na natureza é preâmbulo natural à fé sobrenatural, que depende de uma revelação distinta e sobrenatural. Assim sendo, até mesmo os leitores modernos, que poderiam sentir-se repelidos pelos salmos "históricos", achar-se-ão, contudo, atraídos por aqueles cuja nota dominante é dada pelo simbolismo cósmico e pela visão de Deus na natureza.

Entretanto o simbolismo cósmico do Antigo Testamento é muito mais do que um simples elemento comum à revelação judaico-cristã e aos cultos dos gentios. Os escritores do Antigo Testamento, particularmente o autor que narra a criação no início do Livro do Gênesis, não tratavam apenas de temas simbólicos, já conhecidos, de outras religiões do Oriente-Próximo; tentavam, conscientemente, purificar e elevar os símbolos cósmicos – comum herança de toda a humanidade –, devolvendo-lhe uma dignidade que lhes fora roubada quando decaíram do nível dos símbolos teístas ao dos mitos politeístas.

É essa questão de tamanha importância que, espero, ser-me-á permitida pequena digressão a fim de abordá-la.

Todos sabem com que entusiasmo os racionalistas do fim do século XIX vilipendiaram a revelação judaico-cristã por ser, diziam, fabricada com material de empréstimo, pois os temas religiosos e símbolos do Antigo Testamento eram semelhantes aos de muitas outras religiões orientais, e porque o Novo Testamento se servia de linguagem e conceitos que muito se assemelhavam às fórmulas da filosofia platônica, à linguagem ritual dos cultos dos mistérios e à estrutura mitológica de outras crenças orientais. Mesmo em nossos dias, está o mundo cheio de gente sincera que crê haver, nesse paralelismo certo enfraquecimento que diminui a pretensão cristã a uma revelação divina exclusiva.

Eram homens simples os escritores do Antigo e do Novo Testamento; São João Evangelista, porém, certamente não era simples a ponto de imaginar que a palavra grega *logos*, que ele bem pode ter tomado aos platonistas, tivesse sido sua própria descoberta. O fato de os escritores bíblicos terem sido inspirados não os libertava da comum necessidade que obriga os escritores a revestirem suas ideias de palavras tomadas no vocabulário corrente da cultura e do tempo em que vivem. Quando Deus inspirou ao autor do Gênesis a narração verídica da criação do mundo, o escritor poderia, por algum milagre, ter tudo escrito em vocabulário de manual paleontológico do século XX. Isso, porém, teria tornado o Gênesis completamente ininteligível a qualquer um que não fosse estudante de paleontologia do século XX. Por isso a narrativa da criação foi escrita sob forma de um poema, que usou livremente do simbolismo cósmico comum a toda a humanidade primitiva.

Luz e trevas, sol e lua, estrelas e planetas, árvores, animais, baleias, peixes e pássaros dos ares, todas essas coisas do mundo que nos cerca e toda a natural economia em que encontram seu lugar fizeram de tal modo impressão sobre o espírito do homem que tendem, naturalmente, a ter, para ele, significado muito maior do que, em verdade, têm em si mesmos. É por isso que, por exemplo, entram tão misteriosamente na substância da nossa poesia nossas visões, nossos sonhos. É também esse o motivo pelo qual uma época como a nossa, em que o simbolismo cósmico foi quase esquecido e se vê submerso sob tremenda maré de marcas de fábrica, emblemas políticos, anúncios, *slogans* de propaganda e tanta coisa mais – é, necessariamente, uma época de psicose em massa.

Um mundo em que o poeta praticamente não pode encontrar material para inspiração na substância comum da vida cotidiana e no qual se torna louco, à procura dos símbolos vitais que foram enterrados vivos debaixo de uma montanha de lixo cultural, só pode acabar, como o nosso, com sua própria destruição. É por isso que alguns dos melhores poetas de nossos tempos estão a correr como dementes, ao luar, por entre as tumbas dos cemitérios suprarrealistas. Fiéis aos instintos do verdadeiro poeta, não podem ir à busca dos seus símbolos, a não ser onde eles se encontram, isto é, nas profundezas do espírito. Essas profundezas se tornaram ruínas e antros, mas a poesia deve fazer – e faz – bom uso do que ali encontra: fome, loucura, frustração e morte.

Ora, os escritores da Bíblia estavam conscientes de que partilhavam com outras religiões os símbolos cósmicos em que Deus se revelou a todos os homens. Sabiam, contudo, como as religiões pagãs e idólatras haviam corrompido esse simbolismo, pervertendo-lhe a pureza de origem[30]. Os gentios haviam "retido cativa a verdade de Deus na injustiça" (Rm 1,18), "transformando em mentira a verdade de Deus" (Rm 1,25).

A Criação fôra dada ao homem como uma janela cujas vidraças limpas deixavam passar a luz de Deus para que brilhasse nas almas dos homens. Sol e luz, noite e dia, chuva e mar, as colheitas, a árvore em flor, todas essas coisas eram transparentes. Falavam ao homem não de si mesmas somente, mas daquele que as havia feito. A natureza era simbólica. Porém, a progressiva degradação do homem após a queda levou os gentios a se afastarem cada vez mais dessa verdade. A natureza tornou-se opaca. As nações não eram mais capazes de penetrar o sentido do mundo em que viviam. Em lugar de verem no sol um testemunho do poder de Deus, pensaram que o sol fosse Deus. Todo o universo tornou-se um sistema fechado de mitos: o sentido e o valor das criaturas os investia de uma ilusória divindade.

---

30. Sou especialmente devedor ao Pe. Jean Daniélou, SJ, em seu artigo "O problema do simbolismo" na revista Thought, set./1950. Cf. tb. seu livro *Sacramentum Futuri*. Paris: [s.e.], 1950. A passagem clássica para esse assunto é o primeiro capítulo da Epístola de São Paulo aos Romanos.

Os homens pressentiam, ainda, que havia algo a ser venerado na realidade, na singularidade daquilo que vive e cresce; não mais sabiam, porém, o que era essa realidade. Tornaram-se incapazes de ver que a bondade da criatura é apenas um vestígio de Deus. A treva estabeleceu-se sobre o universo translúcido. Os homens tornaram-se medrosos. Tinham os seres um sentido que os homens não mais podiam compreender. Começaram a ter medo das árvores, do sol, do mar. Precisavam aproximar-se dessas coisas com ritos supersticiosos. Então começou a parecer que o mistério de sua significação, que se ocultara, era, agora, um poder a ser aplacado e, se possível, controlado por encantações mágicas.

Assim, foram contaminadas pelo pecado original todas as coisas vivas e tão belas que nos cercavam nesta terra e que eram, para todo homem, janelas abertas para o Céu. Com o homem caiu também o mundo; com ele, suspira pela regeneração. O universo simbólico que se tornara um labirinto de mitos e de ritos mágicos, a morada de milhões de espíritos hostis, cessou, completamente, de falar de Deus à maioria dos homens, falando-lhes apenas deles mesmos. Os *símbolos*, que teriam elevado o homem acima de si próprio até Deus, tornaram-se, então, *mitos* e, como tais, simples projeções dos seus instintos biológicos. Seus mais profundos apetites, agora motivo de vergonha, tornaram-se, para ele, causa do mais sombrio temor.

Uma simples comparação permite-nos compreender a corrupção do simbolismo cósmico. Deu-se o mesmo que ocorre com a janela quando um aposento não mais recebe luz de fora. Enquanto há a luz do dia vemos através da vidraça; chegada a noite, podemos ainda ver através se, no aposento, não houver luz. Quando, porém, acendemos as luzes, só vemos a nós mesmos e nosso quarto refletido na vidraça.

Adão, no Éden, podia ver através da criação como através de uma janela. Deus brilhava através da vidraça com fulgor semelhante ao do sol. Abraão e os patriarcas, Davi e os justos de Israel – a raça escolhida que preservou intacto o testemunho de Deus –, ainda podiam ver, através da vidraça, como quando, à noite, olhando pela janela de um quarto escuro, vemos a lua e as estrelas. Mas os gentios haviam começado a esquecer-se do Céu e a acender suas próprias lâmpadas. Em breve pareceu-lhes que seu próprio aposento, refletido na janela, era o "mundo do além". Começaram a adorar o que eles próprios faziam. E o que faziam era, com demasiada frequência, uma abominação.

Entretanto alguma coisa da pureza primitiva da revelação natural permanecia nas grandes religiões do Oriente. Encontra-se nos *Upanishad*[31], na *Baghavad Gita*. O pessimismo de Buda, contudo, foi uma reação contra a degenerescência da natureza pelo politeísmo. Daí por

---

31. Livros sagrados da Índia, de comentários metafísicos sobre o texto dos vedas [N.T.].

diante, para os misticismos do Oriente, a natureza não seria mais símbolo, mas ilusão. Buda sabia muito bem que os reflexos vistos na janela eram apenas projeções da nossa própria existência e dos nossos próprios desejos, mas não sabia que se tratava de uma janela e que, do outro lado da vidraça, poderia haver a luz do sol.

Eis, portanto, o que são os símbolos cósmicos. Nos salmos nós os encontramos de novo, nítidos e luminosos, quando Davi canta:

> Ó Senhor, nosso Deus,
> como é grande o teu nome por toda a terra!
> Tua majestade é mais alta que os céus...
> Quando contemplo o céu, obra de tuas mãos,
> a lua e as estrelas que fizeste,
> quem é o homem para que te lembres dele
> e o filho do homem te preocupe?
> Tu o colocaste um pouco abaixo dos anjos,
> de glória e luz o coroaste,
> tudo lhe puseste aos pés:
> ovelhas e bois, tudo junto,
> pássaros do céu e peixes do mar,
> percorrendo das águas o caminho...
> Ó Senhor, nosso Deus,
> como é grande o teu nome por toda a terra!
> (Sl 8,2,4-10)[32].

---

32. Cada linha deste salmo tem repercussões antipoliteístas. O homem, que pode ver a Deus *através de* sua criação, tem a verdade que o torna livre (Jo 8,32). Desse modo, leva uma existência espiritualizada "pouco abaixo dos anjos" e encontra-se em seu devido lugar na ordem da criação, acima dos animais irracionais. Os gentios, ao contrário, rebaixaram-se mais do que os animais, pois perderam o conhecimento de Deus, conquanto a existência de Deus continue evidente em sua criação, pois, pela sua ignorância de Deus, condenaram-se ao culto dos animais (Rm 1,23). Cf. tb.: São Bernardo. *De diligendo Deo,* cap. II, n. 4. *Patrologia Latina,* vol. 182, col. 970.

Não é, porém, o simbolismo cósmico o mais importante simbolismo na Bíblia. Existe outro, ao qual já nos referimos sob o nome de *tipologia*. O simbolismo tipológico da Bíblia não é comum a outras religiões; seu conteúdo é particular à revelação judaico-cristã. É o veículo da mensagem especial, o "Evangelho", que é a própria essência da revelação cristã. E é, acima de tudo, a tipologia que faz dos salmos um conjunto de poemas religiosos único em si.

Já falei no sentido típico do saltério. Já tratei da significação de tipo e antítipo e sugeri, brevemente, que todos os antítipos mais importantes das Escrituras têm algo a ver com a encarnação do Verbo de Deus e com a redenção do homem pelo sacrifício do Cristo no Calvário, pois é esse o mistério central da fé cristã. Já é tempo de acrescentar algumas observações sobre a importância da tipologia nos salmos.

Estamos lembrados de como o Papa Pio XII disse que "ao assumir a natureza humana, o Verbo Divino introduziu neste exílio um hino que é cantado no Céu por toda a eternidade". O contexto dessa importante declaração sugeriu-nos que, se o saltério e a Liturgia podem tornar-se para nós meios de contemplação, é simplesmente porque são capazes de nos unir com Cristo nesse "hino que é cantado no Céu". Isso equivale a dizer que, se o saltério nos deve levar à contemplação, temos de saber como encontrar Cristo nos salmos. Salvo algumas profecias claramente messiânicas, é a tipologia que nos revela o Cristo, até mesmo em certas passagens, de todo inesperadas, dos salmos.

A tipologia escriturística é um gênero especial de simbolismo. É algo de muito mais puro e eficaz do que a alegoria. Digo mais: nos salmos, a alegoria é completamente dispensável. Quase nada há no saltério que se pareça com a série de complexidades alegóricas de que é formado um poema como o *Faerie Queene*, de Spenser. Parece-me que a personificação de abstrações morais é estranha ao espírito da verdadeira contemplação.

Nas Escrituras, a relação entre tipos e antítipos é manifestação especial de Deus: testemunha sua contínua e providencial intervenção na história da humanidade. Ao contrário do que se dá com os símbolos cósmicos universais, que se repetem incansavelmente pelas estações, os símbolos históricos e típicos são de todo únicos. A ação de Deus reflete-se nos símbolos cósmicos, como a luz do sol sobre o vasto mar da criação. Os símbolos tipológicos são meteoros que atravessam o escuro céu da história com repentina e viva luz, aparecendo com uma liberdade que desconhece leis humanas. O simbolismo cósmico é como nuvens e chuva; mas a tipologia é semelhante a uma tempestade de raios que imprevisivelmente fere a Terra, com fogo do Céu.

Consideremos, um momento, a tipologia do dilúvio[33]. No dilúvio, Deus purifica o mundo, destruindo

---

33. Sobre o Dilúvio (Gn 6,17), cf. Dom Estêvão Bettencourt. *Ciência e fé*. Rio de Janeiro: Agir, 1954. p. 196ss.; e Daniel-Rops, H. *Histoire Sainte – Le peuple de la Bible*. Paris: Arthème-Fayard, 1948 p. 77ss. [N.T.].

o pecado. O dilúvio é, simplesmente, um tipo do único e grande ato redentor em que Deus destruiu o pecado: a Paixão e a Morte de Cristo. O simbolismo do dilúvio vai, porém, mais longe. Manifesta-nos a atividade de Deus destruindo o pecado nas almas, pelos sacramentos; por exemplo, no batismo e na penitência, nos quais os merecimentos da Paixão de Cristo são aplicados às nossas almas. Isso se aplica também a outro tipo do Antigo Testamento: a travessia do Mar Vermelho pelo povo de Israel.

Desse modo, todos esses símbolos estão reunidos em um só e final clímax de significação. Todos os tipos escriturísticos apontam para o fim último, a coroação da obra de Cristo, a implantação do seu Reino, seu triunfo final e visível em seu Corpo Místico: o Juízo Final. Então, a mesma ação criadora de Deus, pela qual Ele se manifestou no dilúvio, mais uma vez há de fulminar este mundo de pecado. Dessa vez, porém, terá a natureza de um "ajustamento de contas" final, no sentido de que todos os homens apresentar-se-ão para dar testemunho da sua resposta pessoal à ação de Deus no mundo.

Aqueles que creram e livremente aceitaram a luz e a salvação que lhes oferecia o Céu, passarão, como os israelitas, pelo Mar Vermelho[34]. Serão salvos, em Cristo, como foram salvos, na Arca, os filhos de Noé. Terão vivido,

---

34. Sobre a passagem do Mar Vermelho (Ex 14,23-31), cf. Dom Estêvão Bettencourt, OSB. *Para entender o Antigo Testamento.* Rio de Janeiro: Agir, 1956, p. 210s.; e Daniel-Rops, *op. cit.,* p 109 [N.T.].

até as últimas consequências, o sentido do seu batismo, porque terão morrido e ressuscitado com Cristo. Aqueles que não estiveram com Cristo – e todos os que não estão com Ele estão contra Ele – manifestarão também o que escolheram. Serão, por sua própria escolha, afogados no dilúvio, perecendo, com os carros do Egito, nas águas, que se fecham, daquele último mar.

Não somente muitos dos salmos predizem, literalmente, os sofrimentos e a glória do Messias, mas Davi é uma "figura" de Cristo. O saltério, tomado em seu conjunto, é "típico" do Novo Testamento, e, muitas vezes, os sentimentos pessoais do salmista são, pelo menos em sentido largo, "típicos" dos sentimentos contidos no Coração do Divino Redentor. Até mesmo os pecados de Davi pertencem a Cristo no sentido de que "Deus colocou sobre Ele a iniquidade de todos nós" (Is 53,6).

III
Sacramenta Scripturarum

1 Palavras como sinais de sacramento

Não hesita Santo Agostinho em aplicar às Escrituras o termo analógico de "sacramentos". O uso que faz da expressão *sacramenta scripturarum* não nos deve surpreender quando nos lembramos, por exemplo, da reverência com que a Igreja realça a dignidade do Evangelho na missa solene. É bem conhecido que o respeito da Igreja à Sagrada Escritura se assemelha, até certo ponto, à honra por ela prestada ao Santíssimo Sacramento.

As Escrituras constituem um dos maiores sacramentais da Igreja, pois "a Palavra de Deus é viva, eficaz e mais cortante do que a espada de dois gumes, e penetra até a divisão da alma e do espírito, até às junturas e à medula, e é capaz de julgar os pensamentos e as intenções do coração" (Hb 4,12).

Todas as palavras divinas reveladas são manifestações parciais da Palavra, que é o esplendor da verdade de Deus. Todas as palavras divinas reveladas são como as espécies sob as quais se oculta a única Palavra, que é Caminho, Verdade e Vida. Eis por que Jesus, o Verbo feito carne, podia serenamente dizer: "Esquadrinhais as Escrituras... São elas também que dão testemunho a meu respeito".

Falava aos doutores da Lei que, com razão, esperavam encontrar, nas Escrituras, "vida eterna"; enganavam-se, contudo, erradamente esperando que a vida prometida pela Sagrada Escritura e nela contida pudesse ser outra coisa que não Jesus. Por causa disso Nosso Senhor acrescentou: "Não quereis a mim para terdes a vida" (Jo 4,12). Claramente, São Paulo mostrou como Cristo era o "fim da Lei", isto é, a realização de todo o Antigo Testamento. Ele é a vida contida na palavra revelada e por ela comunicada. "Perto de ti está a palavra, em tua boca, em teu coração; isto é, a palavra da fé que pregamos. Porque se confessares com tua boca ao Senhor Jesus, e creres em teu coração que Deus o ressuscitou dos mortos, serás salvo" (Rm 10,4,8-9).

De quem poderá ser dito com maior verdade que "perto está a palavra, em tua boca e em teu coração", senão daqueles que recitam ou cantam, diariamente, o Ofício Divino? Com efeito, se essa palavra há de se tornar para eles viva e eficaz, se houver de penetrar até o âmago de sua vida interior e transformá-los em contemplativos, têm eles de descobrir nela Cristo, Luz do mundo. Ele, que é o centro do Antigo e do Novo Testamento é, acima de tudo, a própria vida do saltério.

Ao recitar os salmos, devemos aprender a reconhecer neles o Messias sofredor e triunfante, confessando-o com nossa boca e crendo em nossos corações que Deus o fez ressurgir dos mortos. Colhemos, então, os abundantes frutos da redenção. A vida salvífica que jorra da

Cruz de Cristo há de crescer em nossos corações até que, rompendo-nos as veias, far-nos-á exclamar com São Filipe: "Achamos aquele de quem escreveram Moisés, na Lei, e os Profetas, Jesus, filho de Javé de Nazaré" (Jo 1,45).

2 Transformação na descoberta

Assim como, na Idade Patrística, os fiéis, na missa, levavam suas dádivas ao altar e a matéria para o sacrifício era separada das oferendas do pão e do vinho, também nós, que recitamos os salmos pela Igreja toda, trazemos a essa "ação" nossa própria substância em sacrifício. Estou empregando propositadamente a palavra "ação", pois toda oração litúrgica é uma ação e é sempre uma participação mais ou menos próxima do ato redentor, central e único, do sacrifício que é o centro de nossa Liturgia, como o é de nossa religião e de toda a história humana. Refiro-me à morte e à ressurreição de Jesus Cristo.

Devemos considerar os salmos do Ofício Divino como um prolongamento da missa e neles encontrar o dinamismo dessa mesma ação que é o sacrifício da missa. Portanto há também, aqui, um "ofertório", e trazemos matéria para o sacrifício. Trazemos nossas dores, nossas dificuldades, nossos problemas, que mergulhamos nos salmos. Trazemos nossas lutas pessoais e nossos conflitos íntimos, oferecendo-os ao Deus Pai, não com nossas próprias palavras, mas com as dos salmos. Identificamo-nos com aquele que sofre, debate-se, luta e triunfa no saltério.

No início, isso pode não nos comunicar muita luz, pode não nos confortar. Devemos, contudo, perseverar na fé e no desejo. Como Naaman, temos de continuar a mergulhar nossa lepra nesse Jordão, nesse caudal da salmodia. Como ele, poderemos ser estrangeiros e nossos corações se voltarem para os rios deixados em Damasco, e até sentir bem pouca afinidade com esse homem dos salmos, cujas tristezas e alegrias revestem-se de linguagem tão diferente da nossa. No entanto essa linguagem da Sagrada Escritura que não nos é familiar, diz Santo Agostinho, tem sua razão de ser[35]. A linguagem da revelação é misteriosa, não para que seu sentido nos seja vedado, mas para nos levar a procurá-lo com amor mais ardente. Pois Deus só revela seus segredos àqueles que o amam e que procuram conhecê-lo para amá-lo melhor.

Quando trazemos nossas tribulações para o saltério, encontramos todos os nossos problemas espirituais refletidos nas palavras inspiradas do salmista. Não encontramos, porém, necessariamente, esses problemas analisados e resolvidos. Poucos são os salmos que nos oferecem princípios abstratos capazes de servirem de paliativo rápido e razoável ao sofrimento íntimo. Pelo contrário, o que achamos, geralmente, é um sofrimento tão concreto quanto o nosso e ainda mais profundo. Vamos ao seu encontro num dos momentos em que ele é mais intenso e nítido. Quantos salmos são apenas gritos de desesperada

---

35. *Enarratio in Psalmum,* 93, par. 1. *Patrologia Latina,* vol. 37, col. 1.189.

angústia: "Salva-me, ó Deus, pois as águas me submergem... Estou mergulhado no limo mais profundo e não tenho onde pôr o pé; cheguei às águas sombrias, ondas revoltas me cercam. Estou cansado de gritar; minha garganta tornou-se rouca, meus olhos não mais enxergam enquanto espero meu Deus" (Sl 68,1-4).

Quais eram as disposições dos santos e dos Padres do Deserto ao cantarem um salmo como esse? Não "consideravam", simplesmente, o salmo, ao percorrê-lo, dele extraindo alguma piedosa reflexão ou retorcendo um de seus versículos entre seus dedos ao modo de ramalhete espiritual. Entravam na "ação" do salmo. Deixavam-se ficar absortos pela agonia espiritual do salmista e daquele que ele representava. Deixavam que suas tristezas fossem tragadas e desaparecessem nas dores desse misterioso personagem; então se sentiam carregados nas fortes ondas de sua esperança até as profundezas de Deus... "Ah! Senhor, chegue a ti a minha oração em hora propícia! Responde-me, por grande bondade, com teu fiel socorro. Retira-me do tremedal para que não me afunde. Livra-me dos que me odeiam e das águas profundas!" (Sl 68,14-15). E por fim, toda dor, toda tristeza, transformam-se em triunfo e louvor: "Louvarei o nome do Senhor com um cântico e glorificá-lo-ei com ações de graças... Sim, Deus salvará Sião e reedificará as cidades de Judá. Os descendentes dos seus servos herdá-la-ão e os que amam seu nome nela hão de habitar" (Sl 68,36-67).

Quando cantamos esses versículos como os santos de outrora os devem ter cantado, experimentamos a verdade daquilo que, em seus escritos, os Santos Padres nos revelam: descobrimos que, quando trazemos nossas dores, nossos desejos, nossas esperanças e nossos temores a Deus, mergulhando-os, todos, nas dores e nas esperanças desse misterioso homem que canta o salmo, uma espécie de transubstanciação se opera. Colocamos tudo o que temos – ou, antes, toda a nossa pobreza, tudo aquilo que não temos – nas mãos de Cristo. Ele, que é tudo e tudo tem, pronuncia sobre nossos dons palavras dele. Consagrada pelo contato com a pobreza que Ele assumiu para nos libertar, descobrimos que, em sua pobreza, nossa pobreza torna-se infinita riqueza; em seus sofrimentos, nossas derrotas são transubstanciadas em vitória; e sua morte torna--se a nossa vida eterna.

O que aconteceu? Fomos transformados. A operação é mais do que um trágico *catharsis*. É mais do que o impacto psicológico de uma obra de arte sobre nossas emoções que, presas em crise dramática, foram, num impulso, libertadas e atingiram uma plenitude vital graças a alguma bem-sucedida solução poética do problema em que nos deixamos emocionalmente envolver. Há, aqui, algo de muito mais profundo. Trata-se de uma solução espiritual. É uma espécie de morte e um refluxo operado, como se fora no fundo de um oceano espiritual, pois isso pode muito bem nos acontecer quando o salmo, havendo-se tornado insípido pela contínua repetição, deixa de ter, para nós, qualquer atrativo artístico imediato. Posso acrescentar que talvez isso sucederá mesmo a alguém que nunca se sentiu em harmonia com a qualidade poética dos salmos.

Essa transformação é operada em nós pelo poder do Espírito Santo que vive e age na palavra por Ele inspirada. Ele, se quiser, é o poeta. Mas é também a poesia. Melhor, o Cristo, de quem Ele é o Espírito, é a poesia dos salmos. Contudo, o Espírito Santo, além de ser o artista, é também o espectador. É, ao mesmo tempo, o poeta, a poesia e aquele que a lê; a música, o cantor e o ouvinte. O impacto místico pelo qual certos versículos de salmos produzem, repentinamente, esse silencioso explosivo espiritual no coração do contemplativo, só pode ser explicado pelo fato de nós, no Espírito, reconhecermos o Espírito que canta em nós.

Somos transformados em plena descoberta. Mas o que é essa descoberta? A descoberta que Deus faz de si próprio em seu salmo. Só Deus é realmente capaz de apreciar o que está contido nos versículos escritos por Ele. A Palavra de Deus está cheia da Palavra de Deus. O Cristo é concebido na linguagem humana pelo Espírito Santo, como foi concebido na carne humana do Espírito Santo. O Cristo que nasce para nós da Sagrada Escritura é tão difícil de ser reconhecido como o Cristo que nasce para nós de Maria.

De fato, Ele não pode ser reconhecido se o seu Espírito não o reconhecer em nós, iluminando-nos a mente com a sua secreta presença. "Nada pode o homem receber se não lhe for dado do céu" (Jo 3,27). Tal foi o testemunho de João, o Precursor, declarando a Israel que ele próprio nunca teria reconhecido o Messias se não tivesse visto o Espírito descer do Céu sobre Ele (Jo 1,33). Só o Espírito de Deus pode nos indicar o Cristo. Mas o instante em que Ele o faz nos desvenda um pouco das profundezas daquele infinito e eterno relâmpago em que, reconhecendo-se, Deus se vê e se ama a si mesmo.

A descoberta que faz Deus de si próprio existe desde sempre. É coisa tão grande essa descoberta de Deus por Deus que seus momentos são as processões das Pessoas Divinas. O Pai, o Vidente, é uma Pessoa. Sua visão é a geração de uma Pessoa. O amor jorra dessa visão, procede e é uma outra Pessoa, e essas Três são uma só descoberta de sua própria e infinita atualidade. Javé, *Ego sum*. Eu sou. "A todos os que o receberam, escreve São João Evangelista do Verbo feito carne, deu-lhes poder de virem a ser filhos de Deus" (Jo 1,12).

A aceitação dessa graça de "reconhecimento", na qual o Espírito nos indica pelo toque de uma secreta experiência que Cristo fala, canta, sofre e triunfa num salmo, é um novo despertar para a nossa filiação divina. Levantamos a cabeça no vale da sombra, respiramos profundamente e uma luz cintila, um instante, em nossos olhos por tanto tempo repletos das águas da morte. Nosso espírito rompe, então, os muros do seu sepulcro, com algo daquele poder derramado em nossas almas por Cristo na manhã de sua Ressurreição.

O medo transformou-se em fortaleza. A angústia tornou-se alegria sem, de certo modo, deixar de ser angústia, e triunfamos do sofrimento, não dele fugindo, mas aceitando-o integralmente. É esse o único triunfo, pois não há vitória na evasão.

Ainda mais: nós mesmos nos tornamos outra Pessoa. Continuamos a ser nós mesmos, plenamente nós mesmos. Contudo estamos conscientes de um novo princípio de atividade. Estamos realizados por uma Identidade que não aniquila a nossa, que é nossa, e que, no entanto, é "recebida".

É uma Pessoa, eternamente Outra que não nós, a identificar-se perfeitamente conosco. Essa Identidade é Cristo, Deus. Descobrimos algo da realidade teológica segundo a qual a natureza humana foi *assumida* por Ele, não absorvida. Tomou para si uma natureza individual concreta; mas aquela natureza era a nossa natureza e, em virtude dessa assunção, fui eu que morri com Ele na Cruz; fui eu que ressuscitei para me assentar à direita do Pai no Céu, porque é Ele quem ainda sofre e morre em mim nesta terra de amarga luta e de pecado. *Convivificavit nos in Christo*, "deu-nos vida por Cristo"; *Consedere nos fecit in caelestibus in Christo Iesu*, "e sentou-nos nos céus em Cristo Jesus", diz São Paulo (Ef 2,5-6). E, em sua prece no dia da Ascensão, a Igreja pede que possamos sempre viver assim, com Cristo que é nossa vida, no Céu [36].

---

36. "Concedei-nos, ó Deus onipotente, que assim como cremos que o vosso unigênito, nosso Redentor, subiu ao Céu neste dia, assim também nós, em espírito, habitemos no Céu. Pelo mesmo J.C. (*Missal Romano*. Coleta do Dia da Ascensão).

3 "Mistérios visíveis"

Acabamos de falar na Missa da Ascensão; vamos, pois, tomar outra ideia posta em relevo nessa missa. A oração da *Postcommunio* é um desses muitos enunciados dogmáticos do poder espiritual exercido sobre as almas pelo Espírito Santo pelos mistérios e sacramentos da fé, a fim de transformar os homens em Cristo. Assim pede a oração: "Concedei-nos, nós Vos rogamos, ó Deus onipotente e cheio de misericórdia, que alcancemos o fruto invisível desses visíveis mistérios que como Alimento acabamos de receber"[37].

Qual o significado do termo "mistérios visíveis"? Vemos, com evidência, particularmente neste contexto, ser essa uma expressão da qual a linguagem litúrgica da Igreja faz uso quando se refere à Sagrada Comunhão. E, naturalmente, refere-se não à Comunhão de modo abstrato, mas à Comunhão como ato vital de participação ao sacrifício da missa pela recepção do Corpo de Cristo.

Na linguagem litúrgica da Igreja, a palavra "mistérios" significa a missa em tudo aquilo que lhe é essencial, em todas as suas partes integrantes e em tudo o que lhe é acidental. Os "Sagrados Mistérios" são a missa e tudo aquilo que há em torno dela. As cerimônias e as sagradas funções do Ofício Divino estão em estreita relação com a missa, que é o centro da Liturgia. Ainda mais, há toda uma escala de significados em que a palavra "mistérios"

---

37. "[…] *ut quae visibilibus mysteriis sumenda percepimus, invisibili consequamur effectu (Missal Romano:* Pós-Comunhão do Dia da Ascensão).

transcende a referência meramente litúrgica. E o mistério da fé, nesses mais altos e largos significados, está contido também nas Escrituras, sendo-nos acessível, acima de tudo, no Evangelho e nos salmos.

Em primeiro lugar, o próprio Deus, a Santíssima Trindade, é o mistério infinito, e dele todos os demais "mistérios" são a revelação. Manifesta-se a nós nos "mistérios" de que estão repletas as Escrituras. Acima de tudo, porém, falou-nos diretamente em seu Filho, *locutus est nobis in Filio* (Hb 1,1).

Costuma-se, também, falar nos "mistérios de Cristo". São eles os conjuntos de ações significativas, na vida de Jesus – os mistérios da natividade, da vida oculta, do batismo, da Paixão etc. –, considerados como revelações que nos foram feitas por Deus sobre si mesmo, em Cristo. Pois Cristo, verdadeiro homem, é a Palavra de Deus, e todas as suas ações e virtudes como homem dão a mais perfeita expressão humana à vida que Ele tem como Verbo, *in sinu Patris*, nas profundezas da divindade. O sacrifício que Ele fez de si mesmo na Cruz, mistério insondável de Amor desinteressado, é a expressão concreta mais perfeita da caridade, que é a própria natureza de Deus, porque Deus é Amor.

Esses "mistérios" de Cristo não se chamam "mistérios" simplesmente por serem profundos demais para nossa compreensão e, por isso, propostos apenas para serem contemplados com uma fé silenciosa e cheia de adoração. Não são apenas algo em que pensamos e para o qual olhamos. O termo *mysterium*, em São Paulo, tem sentido dinâmico. É a realização de um plano divino nascido da eterna sabedoria de Deus, produzindo sua ação no tempo e, em virtude dessa ação, elevando os homens do nível do tempo ao da eternidade, do nível humano ao divino.

Ora, é pelos sofrimentos e pela morte redentora de Cristo que os homens são elevados acima da ordem natural tornada, pelo pecado de Adão e por todos os pecados que dele decorrem, um ciclo ininterrupto de frustrações. Portanto o verdadeiro mistério de Cristo, o mistério central da fé, para o qual tudo converge, não é somente a Encarnação ou a vida pública de Cristo, mas sua Paixão, Morte e Ressurreição dentre os mortos.

Não é pensando nele ou tentando produzir em nossos corações afetos que uma tal meditação possa inspirar que entramos mais plenamente nesse mistério. É necessário que o pleno poder dessa ação teândrica de Cristo, ponto culminante de todos os mistérios, penetre e se prolongue em nossa vida. Como se fará isso? Essa sua ação, Cristo legou-a à sua Igreja. Deu-lhe a missa, que perpetua e torna cada dia presente, não em símbolo apenas, mas de fato, o sacrifício do calvário. Daí esse mistério dos mistérios não ser meramente algo que aconteceu uma vez, cuja memória conserva-se para estudo e admiração. O mistério central da fé é vivo e eficaz e é possuído pelo Corpo Místico de Cristo, a Igreja. Será, no entanto, que a Igreja possui esse sacrifício apenas como um rito a cumprir, por assim dizer, exteriormente, sem nele tomar parte? Nesse caso, a Sagrada Eucaristia seria meramente um drama, não um sacramento. E o mistério da fé seria, então, apenas como um daqueles "mistérios" encenados na Idade Média; nada mais.

Para receber os efeitos do sacrifício de Cristo, tem a Igreja de oferecer-se totalmente a Deus com Cristo. Deve o corpo estar em tudo unido à cabeça, sob pena de não ser um corpo vivo e de não viver a vida da cabeça. A Igreja, no dizer de alguns dos Santos Padres, nasceu no calvário quando, do lado aberto do Salvador, jorrou sangue e água (significando os sacramentos). Se assim é, então a própria natureza e identidade da Igreja são inseparáveis da noção do sacrifício de Cristo. Existe a Igreja, por virtude desse sacrifício; continua a existir, de maneira a poder perpetuá-lo; e sua exaltação final será a consumação desse sacrifício. Ela nada mais é do que o Corpo Místico daqueles que foram batizados na morte do Senhor[38], e virtude desse fato ressurgiram para uma vida nova em Deus com Ele, que é, ao mesmo tempo, Deus e Homem.

---

38. "Vós não sabeis que todos os que fomos batizados em Jesus Cristo fomos batizados na sua morte? Nós fomos, pois, sepultados com Ele, a fim de morrer (ao pecado) pelo Batismo, para que, assim como Cristo ressuscitou dos mortos pela glória do Pai, assim nós vivamos uma vida nova. Porque, se nós (pelo Batismo) fomos enxertados à semelhança da sua morte, sê-lo-emos também à semelhança da sua Ressurreição, sabendo nós que o nosso homem velho foi crucificado juntamente com Ele, a fim de que seja destruído o corpo do pecado, para que não sirvamos jamais ao pecado. Porque aquele que morreu, justificado está do pecado. E, se morrermos com Cristo, cremos que viveremos também juntamente com Cristo, sabendo que Cristo ressuscitado dos mortos não morre mais, nem a morte terá sobre Ele mais domínio. Porque, quanto a Ele morrer pelo pecado, morreu uma só vez; mas, quanto a viver, vive (uma vida imortal) para (glória de) Deus. Assim também vós considerai-vos como estando mortos para o pecado, mas vivos para Deus, em Nosso Senhor Jesus Cristo" (Rm 6,3-11).

Essa participação na ação teândrica, pela qual Cristo redimiu o mundo, não é algo meramente passivo. A Igreja deve tomar parte viva e ativa no mistério de Cristo. O Santo Sacrifício da Missa é, por isso, tanto dela como dele. A Igreja é um corpo de membros vivos e o que dela dizemos abstratamente deve, neles, verificar-se concretamente. Nós, que vivemos em Cristo, temos e oferecemos o sacrifício que é um só e grande mistério. Nesse mistério, Deus manifesta-se sobrenaturalmente ao mundo, entra temporalmente na corrente da história humana, a fim de santificá-la para si e atraí-la ao oceano da eternidade.

No altar, o sacerdote faz mais do que representar Cristo. Quando as sagradas espécies estão consagradas, é o próprio Cristo quem fala, por intermédio do sacerdote, em seu próprio nome e na primeira pessoa: "Isto é o meu corpo". O mesmo sacerdote volta-se para o povo e diz: "Orai, irmãos, para que meu sacrifício, que é o vosso, seja aceito por Deus Pai onipotente". O sacrifício, o mistério, pertence a todos nós que amamos a Deus, porque nele somos, todos, oferecidos ao Pai em e com Cristo, entramos, todos, na sua Paixão, e, com Ele, ressurgimos dos mortos. A união de cada um de nós com Cristo não é apenas moral e simbólica; é real porque Jesus e sua Igreja estão verdadeiramente unidos no sacrifício oferecido pelo sacerdote.

Contudo essa união tem um duplo aspecto. É verdade que os sacramentos produzem a graça *ex opere operato*. Efetua-se essa união pelo simples fato de serem os sacramentos conferidos a alguém que esteja convenientemente disposto. Logo que falamos, porém, nas disposições de alguém que recebe o sacramento, estamos na ordem moral, ou na ascética, se o preferem.

Na prática, devemos entrar nos mistérios de Cristo não somente de modo sacramental, mas também de modo ascético, pois a ordem sacramental é destinada a se realizar pela aplicação que fazemos das graças dos sacramentos à nossa própria vida. Isso quer dizer que participamos da paixão e da ressurreição de Cristo não apenas num sentido oculto e místico, mas também pela imitação ativa de suas virtudes.

Entrar em seus mistérios significa morrer, como Ele morreu, aos desejos da carne, e ressurgir a uma vida nova no Espírito. Ora, isso não pode ser realizado sem sofrimento e sem sacrifício de si mesmo. O próprio Jesus mostrou claramente que o ascetismo que pedia aos seus discípulos era condição essencial daquela união com Ele nos mistérios em que triunfou da morte: "Aquele que não toma sua cruz e me segue não é digno de mim. Quem quiser salvar sua vida, perdê-la-á. Quem, porém, perder sua vida por minha causa, achá-la-á" (Mt 10,38-39).

Assim como Jesus sofreu pacientemente injustiças, calúnias, injúrias e torturas físicas, também devemos nós fazer um esforço para aceitar as asperezas e as dores, as tribulações e as desgraças da vida, e mesmo para abraçar privações e sacrifícios voluntários, com um pouco da sua doçura, da sua humildade e do seu amor. Só é a missa nosso sacrifício se nela nos oferecermos com Cristo a Deus. Mas nosso oferecimento não terá sentido se não significar que estamos prontos a confirmar nossa oferta pelo sacrifício de nós mesmos.

Portanto é, na verdade, por esse *prolongamento ascético* da vida sacramental da Igreja que Cristo quer manifestar e realizar, em cada um de nós, o mistério da fé, que é a maior revelação do amor de Deus. Toda a ascese cristã é construída como uma pirâmide. É uma escala ascendente de reconciliação dos opostos. A fortaleza deve unir-se à mansidão, a humildade à coragem, a prudência da serpente à simplicidade da pomba. Mas no alto da pirâmide está aquela caridade que é a súmula de todas as virtudes, a vida e a forma de todas elas, porque na caridade é que se realiza nossa união com Deus, que é Amor. Por esse amor a Deus e aos nossos irmãos é que damos testemunho de que entramos no mistério do sacrifício de Cristo. A caridade não é apenas a realização da Lei, mas também a realização dos "mistérios". Há de ser o fruto de toda a devoção, de todo o ascetismo e, sobretudo, de toda a Liturgia, pois sem a caridade, a liturgia é apenas um sino que tine.

Por isso é que a missa é chamada o Sacramento do Amor. A Eucaristia é o *Sacramentum unitatis*. Cristo, em sua oração sacerdotal, na Última Ceia (oração que constitui o modelo e a base do cânon da missa), orou ao Pai rogando-lhe que fizesse de todas as almas Um só, em seu mistério. "Eu neles e tu em mim, para que sejam consumados na unidade, e para que o mundo saiba que me enviaste, e os amaste como me amaste" (Jo 17,23).

Essa unidade dos fiéis na caridade é a clara manifestação do mistério de Cristo na Terra. Nessa caridade, a luz da missa se derrama sobre o mundo, pois Jesus mostra, com evidência, que é sobretudo por nossa união uns com os outros, nele, que o amor do Pai por nós se manifesta aos homens. Não basta, portanto, considerar a missa apenas como um sacrifício legal pela expiação dos pecados; devemos ver na missa, como faziam os primeiros cristãos, uma festa de amor, um ágape. É com os olhos do grande teólogo da Sagrada Eucaristia, Santo Tomás de Aquino, que a devemos considerar; ele, que escreveu: "A plena realidade espiritual (*res sacramenti*) deste Sacramento da Eucaristia é a unidade do Corpo de Cristo"[39].

Ensina São Leão Magno, em termos fortíssimos, a realidade dessa união do cristão com Cristo pela digna na recepção dos sacramentos, prolongada e realizada na vida ascética de caridade e culminando na contemplação. *Corpus regenerati fit caro Christi* ("O corpo do homem renascido em Cristo se torna a própria carne de Cristo")[40]. Em todos aqueles que provam a vitalidade de sua união com Cristo por obras de caridade, é o próprio Cristo que opera, diz o santo: *"Ipsum piorum operum intelligamus auctorem"*[41].

---

39. O termo *res sacramenti* é um termo técnico usado para distinguir o simples conferir externo dum sacramento (*sacramentum tantum)* da noção do sacramento considerado como realizando plena e concretamente o fim para o qual foi instituído, por uma produção frutuosa do efeito por ele significado.

40. São Leão. Sermão LXII. *Patrologia Latina,* 84, col. 357. Fala aqui do Batismo; este, porém, é, *a fortiori,* da Sagrada Eucaristia.

41. *Ibid.*

O Cristo, continua, derrama suas graças sobre toda a Igreja, de tal modo que as ações dos cristãos brilham como raios de luz emanando do único sol que é Cristo. Por isso é que os méritos dos santos dão, todos, glória a Cristo. São expressões do seu poder e dão testemunho da santidade que Ele recebeu do Pai desde toda a eternidade e que lhes comunicou.

Nossa Comunhão ao Corpo e ao Sangue de Cristo tem por efeito transformar-nos naquilo que consumimos, e aquele em quem morremos e ressuscitamos vive e se manifesta em cada movimento do nosso corpo e do nosso espírito[42].

4 "Quando Israel saiu do Egito…"

O saltério só pode ser devidamente apreciado à luz do grande mistério da fé cujo centro é a missa. Não só o sofrimento e a morte do Redentor são, literalmente e de modo típico, pronunciados nos salmos, não só são cantados na celebração da missa, como fazendo parte do Próprio dos Santos ou do Tempo, mas até o cânon da missa, a mais antiga e sagrada das orações litúrgicas, é um eco do grupo de salmos denominado *Hallel*, que se cantava nos ritos judaicos da Páscoa[43]. É isso fácil de compreender, já que a missa, o Sacrifício da Nova Lei, é

---

42. *Ibid.*

43. "Páscoa", da raiz hebraica "*pasah*", "passar adiante"; evoca a décima praga do Egito, durante a qual o anjo exterminador "passou adiante" não atingindo as casas dos israelitas cuja porta estava marcada com sangue do cordeiro e poupando, assim, seus primogênitos. A comemoração dessa libertação do Egito constitui a festa principal do calendário litúrgico dos israelitas e se tornou, cada vez mais, no curso da história, a figura e a preparação da libertação espiritual adquirida pela morte do novo Cordeiro Pascal: o Cristo (*La Sainte Bible – Pirot et Clamer.* Paris: Letouzey et Ané, 1951) [N.T.].

a realização do sacrifício do Cordeiro Pascal, por ordem de Deus instituído como um tipo que prefigurasse o sacrifício de Cristo, *Agnus Dei*, o Cordeiro de Deus.

Referem-se os salmos do *Hallel* à "Passagem", isto é, à libertação dos filhos de Israel do Egito, sua passagem pelo Mar Vermelho, a milagrosa preservação na solidão do deserto Arábico e a entrada na Terra Prometida.

São Paulo havia compreendido que a Páscoa dos judeus continha, em figura e em símbolo, o mistério de Cristo[44]. A Epístola aos Hebreus é um argumento, baseado em grande parte sobre os salmos e sobre o Pentateuco, de que o sacrifício de Cristo é a verdadeira Páscoa pela qual o autêntico Israel, a Igreja, é libertado do cativeiro dos Faraós (o mundo, o demônio e a carne), protegido em sua peregrinação rumo à Terra Prometida e, finalmente, introduzido na paz da perfeita união com Deus no Céu.

Os salmos, portanto, não são apenas poemas antigos que a Igreja adapta, arbitrariamente, segundo as necessidades da sua Liturgia. Neles tudo é cheio de importância vital pelo fato de estarem repletos de Cristo; ou nos falam diretamente do Redentor em seus sofrimentos, sua realeza, seu sacerdócio, ou narram as tribulações e o progredir de Cristo Místico, a Igreja, seu povo.

Quando Israel saiu do Egito, fugindo para o deserto, Deus tornou-se peregrino com ele nos anos sombrios de sua tribulação. Desceu até ele sobre a montanha, em nuvem e em fogo, falando-lhe por Moisés, que prefigurava

---

44. Ver Hb 3. Cf. tb. 1Cor 10,6-11.

Cristo. Nutriu-o no deserto com o maná, prenúncio da Eucaristia. À palavra de Moisés brotou água do rochedo no deserto, jamais cessando de abastecê-los até o dia em que se estabeleceram na Terra Prometida. "O rochedo, diz São Paulo, era Cristo" (1Cor 10,4).

Sobrevivem, nos salmos, reis de estranhas tribos do deserto, inimigos de Israel. Seus misteriosos nomes não têm muito significado para nós. Emergem dos versículos dos salmos como fantasmagóricos e simbólicos inimigos que, em sonhos, ameaçam-nos, desaparecendo em seguida. São os poderes do mal que lutam, ainda hoje, contra a Igreja.

Sabemos que Sísara está morto, com o prego da tenda enfiado na fronte, que os ossos de Jabin há muito secaram no fosso de Cisson. Contudo Jabin e Sísara saem das profundezas do inferno para vir nos atormentar, embora não possam prevalecer. Mas sabemos, nas noites em que seus nomes passam diante de nós, às horas da madrugada ao cantarmos Matinas, como as batalhas de outrora, que estamos celebrando, são mais do que nunca atuais, como o são, também, os milagres pelos quais Israel venceu os inimigos e entrou gloriosamente pelas águas divididas do Jordão para tomar posse da Terra Prometida[45].

De geração em geração, século após século, prosseguem incessantemente essas lutas e vitórias, pois a Igreja toda continua a sair do Egito, passando compa-

---

45. Sobre a passagem do Rio Jordão (Js 3,7-17): Daniel-Rops, *op. cit*, p. 56ss.) e Dom Estêvão Bettencourt, OSB. *Para entender o Antigo Testamento*. Rio de Janeiro: Agir, 1956, p. 212-214) [N.T.].

nhia por companhia. As luzentes tribos de Israel ainda atravessam o deserto, na vagarosa e interminável marcha contemplada por Balaão do alto da montanha, quando a maldição extinguiu-se em sua garganta, transformando--se num cântico de louvor.

Erguendo os olhos, Balaão viu Israel acampado por tribos; o Espírito veio sobre ele e pronunciou o seu poema. Ele disse:

> Oráculo de Balaão, filho de Beor,
> o oráculo do homem de olhar penetrante,
> oráculo daquele que escuta a Palavra de Deus
> e que vê a visão do onipotente.
> Ele obtém a resposta divina e seus olhos se abrem:
> Como são belas, Jacob, as tuas tendas,
> e as tuas moradas, Israel!
> Como vales que se estendem,
> como jardins à beira de um rio,
> como aloés plantados pelo Senhor,
> como cedros junto às águas...
> Deus o fez sair do Egito.
> Ele é para ele como um chifre de búfalo.
> Devora o cadáver dos adversários,
> quebra-lhes os ossos.
> Ele se agachou, está deitado,
> como um leão ou uma leoa:
> Quem o fará levantar-se?
> (Nm 24,2-9).

Somos os filhos de Abraão, mas com a condição de fazermos as obras de Abraão. Sua fé não nos justifica se não viver e atuar em nós, tornando-se nossa fé. Nossos antepassados derrotaram Amalec, deixando-nos um exemplo; mostraram-nos como lutar quando, chegada a nossa hora, tivermos, também nós, de atravessar o deserto. "Cristo sofreu por nós, deixando-vos o exemplo, para que sigais suas pegadas" (1Pd 2,21). É cantando os salmos que também nós estamos saindo do Egito. A Liturgia é a maior arma da Igreja contra seus inimigos, porque está cheia daquela força do mistério que é o seu centro. O mistério de Cristo é o coração de toda a história e se estende ao passado e ao futuro para abraçar todos os tempos. Foi em Cristo que Israel atravessou o deserto e é em Cristo que nós, as tribos de Israel, estamos subindo até Jerusalém[46]. O mistério de Cristo está fora do tempo: mas nele entramos consagrando ao Senhor a pequenina parte da história e do tempo que é nossa. E é pela Liturgia e sua realização ascética que o fazemos.

Esse é o segredo dos salmos; contêm em si tudo que tem valor para um cristão sobre a história do mundo, porque, de maneira misteriosa e quase sacramental, em virtude de sua íntima relação com o sacrifício da missa, neles a salvação do mundo se cumpre. O Breviário, o Saltério, o Missal, cheios da majestade do Verbo de Deus, encerram o segredo grandioso da vitória espiritual de Cristo, segredo que é colocado nas mãos de cada cristão. Resta-nos somente descobri-lo e realizá-lo em nossas próprias vidas.

A história de Israel – isto é, a história do povo de Deus, a Igreja – é também, em certa medida, a história

---

46. *Jerusalém quae aedificatur ut civitas, cuius participatio eius in idipsum: illic enim ascenderunt tribus, tribus Domini, testimonium Israel ad confitendum nomini Domini* (Sl 121,3-4).

de cada alma na Igreja. Como, na ordem natural, cada homem é um microcosmo, também na ordem sobrenatural cada alma é uma pequenina Igreja, um Céu em miniatura e um templo de Deus. Como todo o povo de Deus, sempre em marcha ainda no deserto a caminho da Terra Prometida, passa pelo Jordão, trabalha em edificar Jerusalém e levantar o Templo de Deus em Sião, também cada alma deve, normalmente, conhecer algo dessa jornada, dessa mesma fome e dessa mesma sede, desses mesmos combates e dessas mesmas orações, a luz e as trevas, os mesmos sacrifícios e as mesmas lutas para construir, dentro de si mesma, a santa Jerusalém.

Assim como Jesus está inteiramente presente em cada hóstia consagrada e presente em todas ao mesmo tempo, e assim como a alma de cada homem está integralmente presente em todas as células do seu corpo e, ao mesmo tempo, presente em todo o corpo, também Cristo vive totalmente em cada cristão e em todos. Pela força de seus mistérios, sua vida se torna a vida de cada cristão, como Ele é a vida da Igreja. Em cada um e em todos, Ele é tudo. *Omnia in omnibus Christus.*

Crescer em Cristo é crescer na caridade. É a ação do Espírito Santo que em nós cria e fortalece a caridade – sobretudo nas horas de provação e de sacrifício. Pois é, então, que somos forçados pelas circunstâncias às heroicas opções que confirmam nossa união com Cristo e nos ensinam a conhecê-lo tal qual Ele é. Porque Cristo, sem a Cruz, não é o nosso Cristo. Na verdade, Ele é agora o Cristo ressuscitado, não sofre mais. "Já não morre." Mas tem suas chagas. Ainda que gloriosas, são chagas. Sua Cruz não está ausente do Céu; resplandece, porém, como um sinal de vitória. Brilhará no Céu quando Cristo voltar para julgar o mundo.

A Cruz, diz São Paulo, é toda a nossa glória (Gl 6,14). E na Carta aos Romanos descreve o ascetismo da tribulação. Nós nos gloriamos, diz, não somente na esperança da glória dos filhos de Deus (como se devêssemos entrar no Céu sem sofrer), mas, especialmente, na tribulação, pois a tribulação nos torna pacientes. Nossa paciência na tribulação prova que somos verdadeiros cristãos, e por esse testemunho temos esperança; essa esperança não pode ser abalada porque, quando a temos, a plenitude do amor é difundida em nossos corações pelo Espírito Santo. O Espírito Santo, vivendo e agindo em nossas almas, intimamente presente a nós, é, Ele mesmo, o dom de Deus que nos é feito: *Caritas Dei diffusa est in cordibus nostris per Spiritum Sanctum qui datus est nobis*[47].

Quanto mais o Espírito de Deus derrama em nossos corações seu amor, tanto mais capazes nos tornamos de conhecer Deus. O mistério de Cristo é uma escura nuvem na qual entramos para que o Espírito nos possa ensinar por meio de seus relâmpagos. Diz São Paulo: "Pregamos a sabedoria de Deus no mistério, mistério que está oculto, que nenhum dos príncipes deste mundo

---

47. "[...] a caridade de Deus está derramada em nossos corações pelo Espírito Santo, que nos foi dado" (Rm 5,5).

conheceu... nem o olho viu, nem o ouvido ouviu, nem entrou no coração do homem o que Deus *preparou para aqueles que o ama*; a nós, porém, Deus revelou essa sabedoria por meio do seu Espírito; porque o Espírito tudo penetra, mesmo as profundezas de Deus" (1Cor 2,6-10).

O mais profundo abismo do amor de Deus e, portanto, o perfeito conhecimento de Deus, só podem ser atingidos pelo coração ferido do Redentor. Essa é a porta estreita que nos leva à salvação e à glória. O Espírito Santo nos abre essa porta e já aprendemos como a chave de que se serve é a tribulação.

Contudo não é o sofrimento como tal que nos faz encontrar Deus. Não é o amor ao sofrimento, por ser sofrimento, que faz nascer em nós a caridade e a santidade. O sofrimento não é causa, mas apenas ocasião de santidade. É o amor, que se exprime em sacrifício, que nos faz santos. Tornamo-nos santos não porque suportamos as dores, mas porque as dominamos. Por isso é que a Cruz significa alegria e não desespero, vida e não morte, realização e não aniquilamento. Tudo isso é obra do Espírito Santo em nossas almas, unindo-nos a Deus no mistério de Cristo. Cristo, e não a Cruz, é o nosso Céu. A Cruz, sem Cristo, seria inferno, como é o sofrimento para aqueles que não conhecem Cristo.

O Cristo do saltério é nosso rochedo no deserto do Sinai. Os salmos, escritos e vivificados por seu Espírito, alimentam-nos com pão no deserto. Desalteram-nos, como diz Isaías, nas fontes do Salvador!

Encontramos Cristo reconhecendo-o, e a nós mesmos nos sofrimentos de Davi e de Israel. Esse encontro, qual faísca, faz nascer uma chama. A faísca é a fé e a chama, o amor. Esse amor verdadeiro é caridade. A caridade é o fogo do Espírito Santo e o Espírito é o Espírito de Cristo, o Espírito de Deus. Nessa chama somos unidos a Deus em Cristo. É uma experiência de união, primeiro com o Cristo que sofre, em seguida com o Cristo glorioso. Porque, como diz São João da Cruz, é a mesma chama que investe primeiro contra nosso egoísmo, seu implacável inimigo, e, depois, desaparecido este, recompensa nosso amor inundando-o de glória[48].

No entanto, nosso crescimento em Cristo não se mede apenas pela intensidade do amor, mas também pelo aprofundar-se da visão, pois começamos, agora, a ver Cristo não apenas no mais íntimo de nossa alma, não somente nos salmos e na missa, mas em toda parte, irradiando a glória do Pai, em cada traço das feições dos homens. Quanto mais a Ele estamos unidos pelo amor, tanto mais o estamos uns aos outros, porque há uma caridade que abraça a Deus e a nosso irmão.

Descobrimos, nessa união (e a convicção se torna cada vez mais forte à medida que, pelo sofrimento, esvaziamo-nos do nosso egoísmo), haver como "uma única pessoa mística" a cantar salmos. Não somos mais nós que, sozinhos, pronunciamos as palavras de David ou de algum judeu morto há muito tempo. É Cristo eterno. Ele

---

48. São João da Cruz. Chama viva de amor. *Stanza* I, n. 15.

"canta os salmos no Céu" porque sua humanidade glorio-sa é o centro dos mistérios dos salmos e a vida de todos os que penetram nesses mistérios. Todos nós, membros do seu corpo, somos um, nele, e com Ele. A Igreja, sua Esposa, é uma com Ele, no dizer do apóstolo, "dois em uma só carne". E comenta Santo Agostinho: "Assim sen-do, desses dois (a Igreja e o Cristo) é feita, de certo modo, *uma só Pessoa*... Se são dois em uma só carne, por que também não *dois em uma só voz?* Deixai, pois, falar Cris-to, porque em Cristo fala a Igreja e na Igreja fala Cristo. A cabeça fala no corpo e o corpo na cabeça"[49].

Não é apenas a solução do problema de um só ho-mem que conseguimos nos salmos ou no mistério de Cristo. Se, cantando os salmos, chego somente a uma sensação individual e pessoal de realização em Cristo, a um sentimento que não se estende para abraçar todos os outros membros do corpo que nele encontram sua realização, fico muito longe da contemplação reservada no saltério aos que se entregam inteiramente aos seus mistérios.

O homem uno que sofre nos salmos, que chama por Deus e por Deus é ouvido, esse homem é Cristo total. As consolações e a ajuda enviadas do Céu por meio dos salmos são derramadas não apenas sobre Jesus e sobre mim, mas sobre o Cristo total, e sua eficácia será muito diminuída em mim se não conseguir ver como nós todos a partilhamos.

---

49. *Enarratio in Psalmum,* 30, par. 4.

Tomar consciência, na recitação dos salmos, da minha própria filiação divina é relativamente pouco. Muito mais maravilhosa é a grande consolação do mistério da minha unidade com todos os outros filhos de Deus no Único Filho de Deus, Cristo Místico. "Os filhos de Deus, diz Santo Agostinho, são o corpo do Filho Único de Deus; e desde que Ele é a Cabeça e nós, os membros, há um Único Filho de Deus. Portanto quem ama os filhos de Deus ama ao Filho de Deus, e quem ama ao Filho de Deus, ama ao Pai. Ninguém pode amar ao Pai se não ama ao Filho; e quem ama ao Filho deve amar também os filhos de Deus... E, amando-o, torna-se um membro na união do Corpo de Cristo, e haverá um só Cristo amando-se a si mesmo..."[50].

O segredo da nossa realização é, portanto, a caridade. Trazemos aos salmos o material bruto de nossas pobres individualidades isoladas, com seus conflitos pessoais, sofrimentos e provações. Lançamos tudo isso no fogo de amor de Cristo – ou, se preferirem, na fornalha do Espírito Santo. Somos nessas chamas purificados de tudo quanto nos isola, de tudo que é meramente pessoal, apenas nosso; somos "fundidos" de modo a nos tornarmos "novas criaturas", com nova identidade e personalidade mais alta. A descoberta daquilo que verdadeiramente somos, da inviolabilidade e da individualidade dos nossos seres unidos, sem nos confundirmos, nessa

---

50. *Epistolam Ioannis ad Parthos*. Tractatus V, cap. 5, par. 3. *Patrologia Latina*, vol. 35, col. 2055.

única Pessoa mística, e unidos uns aos outros na chama do infinito êxtase de puro amor de Cristo para com o Pai e para conosco, será uma das nossas alegrias mais plenamente perfeitas no Céu.

Entretanto nossa recitação dos salmos deve ser a constante, a progressiva descoberta dessa pessoa que somos todos. *Debemus intelligere personam nostram, personam Ecclesiae nostrae, personam Corporis Christi* (Devemos compreender nossa pessoa, a pessoa da nossa Igreja, a pessoa do Corpo de Cristo). São essas as palavras de Santo Agostinho[51].

Tudo isso nos ajudará a compreender a importância da recitação coral do Ofício Divino. O simples fato de estarmos no coro ouvindo vinte, trinta, cinquenta ou cem vozes unidas, todas em uma só, clamando a Deus na primeira pessoa do singular, muito nos auxilia a penetrar a verdade que anteriormente tentamos exprimir.

Somos todos diferentes; temos, todos, nossos próprios problemas e nossas preocupações e, contudo, cantamos, todos juntos: "Ó Deus, ouve *meu* clamor, atende à *minha* oração...". A própria sintaxe nos faz um só. E quando acrescentamos "Dos confins da terra *eu cla-*

---

51. *Enarratio in Psalmum*, 61. *Patrologia Latina, vol.* 36, col. 730. É doutrina dos Santos Padres que na origem somos todos criados misticamente como "um homem", e que essa pessoa, dividida pelo pecado de Adão, é reconstituída num só Corpo Místico em Cristo, o novo Adão (cf. São Cirilo de Alexandria. *Evangelium Ioannis: Sumus omnes in Christo, et communis humanitatis persona in ipsum reviviscit*).

mo por ti..."[52], nossa visão se alarga para abraçar todo o Corpo Místico, em todos os seus membros dispersos pelo mundo afora. Estejam onde estiverem, esses homens e essas mulheres também estão aqui, e estamos lá com eles, porque somos todos "um só homem". Onde quer que estejam reunidos dois ou três em seu nome, Cristo, no meio deles, comunica-lhes sua identidade, torna-se o "Eu" que canta, ora e louva em todos nós.

Também aqui, a perfeição da nossa união depende de uma realização ascética do "mistério" no qual entramos em nossa oração coral. Os salmos de combate e de luta que a Igreja coloca em nossos lábios não têm sentido cristão se não estivermos em paz uns com os outros. O mistério da unidade em Cristo é assustadoramente real. Implica a mais séria responsabilidade. Prolongamos, no mundo, o mistério de Cristo pelo esforço e pelo sacrifício que devemos pagar como preço de nossa unidade perpetuada. Se déssemos ouvidos à voz do nosso egoísmo e do nosso amor-próprio, não seria difícil combater nossos irmãos ou ignorá-los ou desprezá-los. Mas desde que começamos a agir desse modo, os salmos que cantamos se tornam ou uma mentira ou, pior, uma simples condenação da nossa própria iniquidade. Devemos recordar constantemente que o "Homem dos salmos", atacado e injustamente perseguido, é a vítima *inocente* daqueles que odeiam a verdade, odeiam a paz, preferem a guerra. Não somos, realmente, *um* com Ele, se não pu-

---

52. *A finibus terrae ad te clamavi* (Sl 60,3).

dermos dizer, como Ele, que conservamos a paz com os que detestavam a paz – *cum his qui oderunt pacem eram pacificus* (Sl 119,7).

O único modo de conservarmos a perfeita paz em nosso coração consiste em nos abandonarmos, sem reserva, à caridade da qual São Paulo nos fala – a caridade que é paciente e bondosa, não é ambiciosa; a caridade que não se deixa irritar e não pensa o mal; a caridade que não suspeita dos motivos alheios, mas "tudo crê, tudo espera, tudo sofre" (1Cor 13,7). Só essa perfeita caridade pode nos ajudar a pôr de lado as infantilidades que nos desuniram e levar-nos à perfeita maturidade da vida em Cristo.

IV
A perfeita lei da liberdade

1 "Deste-me ouvidos abertos..."

Os "salmos graduais" são os mais curtos do saltério, mas não os menos comoventes. Alguns pensam que eram cantados pelos judeus quando iam em peregrinação a Jerusalém, cidade de Davi, por ocasião das grandes festas da antiga Lei[53].

Santo Agostinho vê neles uma expressão da alegria da Igreja peregrina a caminho da Jerusalém Celeste. Em certo sentido, porém, todos os salmos são "salmos graduais". São os cânticos que aliviam a fadiga de nossa viagem rumo à Pátria, após o longo exílio do pecado. Mesmo quando tristes, contêm, na própria tristeza, uma promessa oculta de bem-aventurança, pois "Bem-aventurados os que choram" (Mt 5,5).

Essa tristeza particular da terceira bem-aventurança, a dor da alma que conhece seu exílio e não encontra consolo algum, a não ser na saudade da Pátria, é o começo da nossa libertação. Ensina-nos o caminho da liberdade, por essa verdade que Santo Agostinho exprime em seis palavras: *Nisi beatus non vivit ut vult.* "Só os bem-aven-

---

53. Os "salmos graduais" são constituídos pelos Sl 119 a 133. Na Vulgata, cada um é intitulado *canticum graduum.*

turados vivem como querem". E acrescenta quatro palavras que distinguem a liberdade da licença: *Nemo beatus nisi justus.* "Ninguém é bem-aventurado se, primeiro, não for justo"[54].

Essas palavras, que se encontram em *Cidade de Deus*[55], deveriam ser tomadas como corolário do seu famoso aforismo: "Ama a Deus e faze o que queres". Equivale isso a dizer que, se tudo fizermos como um ato de amor a Deus, seremos livres, porque seremos incapazes de pecar. Pecado é cativeiro, amor é liberdade.

Os salmos nos ensinam o caminho de volta ao Paraíso. Cristo morreu para que pudéssemos recuperar tudo que Adão havia perdido no Éden e mais ainda. E o que tinha Adão no Paraíso? Não é aqui o lugar de estudar todos os dons e as prerrogativas que ele recebeu. Pensemos, apenas um momento, na bem-aventurança que era sua liberdade. Mas essas bem-aventuranças e essa liberdade estavam enraizadas na posse de Deus, posse que era fruto do amor unindo-lhe a vontade à de Deus e da visão que enchia de Deus seu intelecto. "O homem vivia como desejava no Paraíso", diz Santo Agostinho, "enquanto queria o que Deus ordenava". Toda a sua vida era fruição de Deus e, pela posse desse Bem infinito, o próprio Adão tornou-se bom. *Vivebat fruens Deo, ex quo bono erat bonus*[56].

---

54. Na Sagrada Escritura e na tradição católica, "justo" significa "santo" [N.T.].

55. *De Civitate Dei,* XIV, 25.

56. *De Civitate Dei,* XIV, 26. Os termos "bem-aventurança" e "fruição" aqui são, naturalmente, apenas relativos.

De fato, os salmos não só nos mostram o caminho de volta ao Paraíso, são eles próprios um paraíso. A verdade e o amor de Deus não nos são apenas mostrados neles, são-nos comunicados no mistério de Cristo se estivermos preparados para recebê-los. O mistério do saltério é, acima de tudo, o mistério da vontade de Deus: a história de Israel é uma história de provações e sofrimento, não tanto por causa dos inimigos do povo de Deus, ainda menos porque Deus o abandonasse, mas porque Israel é que abandonava a Deus, desobedecendo-lhe e faltando à confiança na sua Providência. Na obediência do Redentor, que vem para fazer a vontade do Pai, encontramos a resposta à prevaricação do povo escolhido e a solução dos problemas por ela criados. "[...] Não quiseste sacrifícios nem oblações, porém deste-me ouvidos abertos. Não exigiste holocaustos nem vítimas de expiação. Por isso digo: Eis-me aqui! No volume do livro está escrito o que me incumbe; fazer a tua vontade, ó meu Deus, é meu prazer, e tua lei, tenho-a bem dentro do coração" (Sl 39,7-9). "Deste-me ouvidos abertos", diz Cristo no salmo, isto é, fizeste-me perfeitamente obediente às inspirações do teu Espírito: "tua lei, tenho-a bem dentro do coração". São Bernardo de Claraval sabia qual era essa lei porque era um contemplativo e um santo. Ser santo significa viver por essa lei, deixar-se por ela formar, ser por ela transformado e unido a Deus de modo perfeito.

Meditemos um pouco nessa misteriosa "lei", já que ela é o segredo da santidade e da contemplação e é, também, o segredo dos salmos, oculto no próprio centro do mistério de Cristo.

Antes de mais nada, essa "lei" não deve ser tomada como a Lei de Moisés, "lei de temor". A "lei" que se acha "bem dentro do coração" do justo não é uma lei que paralise o amor. Não é, e jamais poderá ser, religiosidade exterior estreita dos preceitos externos, uma lei ocupada mormente em pesar e medir pecados na balança duma desapiedada escrupulosidade. São Paulo percorreu o Império Romano inteiro para anunciar a todos como haviam sido libertados para sempre dessa lei: "Se sois conduzidos pelo Espírito, dizia, não estais sob a Lei… pois fostes chamados à liberdade" (Gl 5,13.17). Porém acrescentou imediatamente que se não soubessem distinguir entre liberdade e licença, cairiam sob o domínio duma lei muito mais tirânica, a lei da carne. "Não façais dessa liberdade um pretexto para viver segundo a carne… porque a carne tem desejos contrários ao espírito e o espírito desejos contrários à carne, pois são inimigos um do outro, para que não façais tudo o que quereis" (Gl 5,13.17).

Há, portanto, três leis no Novo Testamento: a primeira é a lei da carne, tirania das paixões que prende a alma do homem, como escravo, ao jugo da cobiça, do ódio, da avareza e da crueldade, como sucedeu a Sansão, cego, em Gaza[57]: porque a liberdade da carne nos faz escravos. Mas

---

57. Cf. Jz 17,21: "E os filisteus, tendo-o tomado (Sansão), tiraram-lhe os olhos e levaram-no a Gaza, atado com cadeias, e, encerrando-o no cárcere,

a Lei de Moisés, embora se opondo à tirania da carne, não era capaz de libertar o homem dessa tirania. Na Lei Antiga, caía o homem sob dupla tirania. Via-se preso por uma lei de pecado e por outra que o acusava de pecado e o castigava, impondo-lhe, como expiação, pesado fardo de práticas exteriores. Não havia, no entanto, um único desses sacrifícios ou dessas abluções que o pudesse purificar do pecado ou livrá-lo das paixões.

Contudo a Antiga Lei não era má, tinha sua função: era o "tipo" de outra lei e seus sacrifícios prefiguravam o mistério em que o homem encontraria, enfim, a liberdade. Era a Lei Antiga uma "educação" gradativa e uma preparação para a liberdade da Nova. A Lei de Moisés era boa, não em si mesma, mas em seu complemento, pois "o fim da lei é o Cristo" (Rm 10,4) e "o amor é o complemento da lei" (Rm 13,10).

É dessa terceira lei que nos fala São Tiago, quando diz: "Quem fixar sua vista na lei perfeita da liberdade e perseverar nela, não sendo ouvinte esquecido, mas executor da obra, este será bem-aventurado em tudo o que fizer" (Tg 1,25). A Lei de Cristo é a lei da liberdade porque é a lei do amor. Quer isso dizer que ela está acima de toda lei, pois o amor, sendo livre, não conhece constrangimento.

Eis a razão pela qual pode São Bernardo dizer que o santo, ou o "justo", não está preso pela lei, nem vive sem

---

o fizeram girar a mó". [N.T.].

lei: *non sub leg nec sine lege.* Qual a solução desse paradoxo? Aqui temos a solução: a Lei do amor é lei no sentido de ser ela uma norma de vida, mas não no sentido de ser uma limitação. É um ideal, não uma restrição; pois o amor não conhece limites. Somos chamados a amar a Deus sem medida, unicamente porque Ele é Deus[58].

Amar a Deus assim é amá-lo como Ele próprio se ama. Realizá-lo com perfeição é ser transformado nele, porque é viver pela mesma "Lei" que rege sua vida íntima. Mas essa Lei não é uma lei: é uma Pessoa. É a caridade, o Espírito Santo. Em virtude dessa "Lei", as três Pessoas Divinas não podem deixar de ser Uma, nem de serem infinitamente felizes. Deus é, obrigatoriamente, amor infinito, liberdade e paz. Ele é tudo isso e não pode querer ser outra coisa. Da mesma forma, os santos, quando vivem pela mesma Lei de Deus, têm, como Ele, tudo que Ele é. Essa, diz São Bernardo, é a "imaculada Lei de Deus" de que nos falam os salmos e que transforma nossas almas[59].

A caridade é a única força, a única "Lei" capaz de efetuar essa transformação mística. Nenhuma outra for-

---

58. *Causa diligendi Deum Deus est, modus sine modo diligere* (São Bernardo. *De Diligendo Deo,* I, 1).

59. *Lex Domini immaculata convertens animas* (Sl 18,8). Não nos cabe entrar numa discussão técnica do fato de que, para o autor dos salmos, a palavra "lei" significasse, talvez, a Lei de Moisés. Desde que se estabeleceu o Novo Testamento, os Padres da Igreja dão-lhe, com São Paulo, interpretação mais elevada. Em consequência disso, o comentário de Santo Ambrósio do Sl118 (o mais longo dos salmos; todo em louvor da "Lei") torna-se um tratado sobre o místico amor de Deus, no qual o Sl 118 é considerado como se fosse o equivalente ao Cântico dos Cânticos.

ça pode elevar-nos acima de nossa natureza. Só a caridade nos liberta das limitações humanas. Notem que digo caridade, não amor, pois há entre ambos imensa distinção a fazer.

O amor é um movimento da vontade em direção àquilo que o intelecto julga ser bom. Falo aqui unicamente de amor espiritual. O amor sensual é um movimento da vontade sob o impulso dos sentidos que buscam sua própria satisfação. Há um desejo de Deus ao qual chamamos caridade, embora seja somente um amor de Deus procurado como o maior bem que posso desejar para mim mesmo. O desejo da minha realização em Deus pode ser caridade, mas deve ser educado e formado, pois caridade é amor de Deus, não precisamente porque Ele é meu maior bem, mas porque é Deus, em si mesmo, bom.

A mais elevada e perfeita fruição de Deus encontra-se num amor que descansa nele pura e simplesmente, porque Ele é Deus. Esse amor brota da visão de Deus tal como Ele é em si mesmo. Posso – e deveria mesmo – desejar essa visão e esse amor como meu bem mais elevado. Todo cristão deve, na realidade, ter um pouco da virtude teologal de esperança, explicitamente dirigida a este fim: a fruição de Deus no Céu.

É esse o grande paradoxo da caridade: se não formos egoístas a ponto de querermos alcançar uma absoluta e perfeitíssima ausência de egoísmo, não temos caridade. E se não nos amarmos suficientemente para procurar a perfeita felicidade no esquecimento total de nós mesmos, nunca encontraremos a felicidade. A caridade é um interesse que busca a plena realização de si mesmo na renúncia a todas as coisas. Se eu tiver caridade, procurarei em Deus o meu bem mais elevado, mas encontrá-lo-ei nele, não o atraindo a mim e, sim, sacrificando-me por amor a Ele. E quando a minha caridade tiver atingido essa perfeição, encontrar-me-ei e entrarei na posse de mim mesmo, nele.

Enquanto estivermos na Terra, esse paradoxo pode servir de matéria para controvérsias. No Céu, a visão de Deus desfaz o problema. Santo Tomás e Duns Scotus não precisam mais discutir, lá, sobre a natureza da caridade e da bem-aventurança. Quando virmos a Deus poderemos pensar senão em amá-lo. Quando o virmos, compreenderemos que a única maneira de amar as criaturas é amar a Deus, porque todas existem para serem amadas em seu Criador e somente nele. Compreenderemos como é somente nele que as podemos realmente amar e que, amando-as assim, estamos amando também a Ele. Por isso é que São Bernardo pode dizer que atingimos o mais alto grau de puro amor quando, finalmente, chegamos a amar a nós mesmos em Deus e por causa dele.

Aí, também, o amor resultou em libertação. Livrou-nos das complicações, dos problemas e dos paradoxos. Aí, enfim, atingimos a simplicidade para a qual Deus nos criou; pois, afinal, se Ele nos ama, não podemos dizer que não somos bons ou que não devamos ser amados. A perfeição do amor é um cume tão alto de esquecimento de nós mesmos que paira acima da atmosfera poluída desta terra, onde, mesmo a humildade e o esquecimento de nós próprios, apesar de toda a nossa boa vontade, têm de sofrer certas deformações.

Nessa altura, achamo-nos, enfim, vazios de nós mesmos, a ponto de podermos amar a Deus em nós sem precisarmos de comentários ou desculpas, pois o que amamos nada mais é do que sua vontade em nós. Amamo-nos na perfeição à qual Ele nos fez chegar, não porque somos perfeitos nem porque somos felizes, mas porque sua vontade se realiza[60].

Claro está que esse amor é a realização da lei porque é a realização perfeita da vontade de Deus. Um tal amor, quando existe neste mundo, realiza cada pequenino detalhe da mais íntima rubrica da Liturgia, cada ponto e cada pormenor da regra religiosa e todas as demais obrigações, não com um estreito e meticuloso espírito farisaico, mas com a liberdade de um filho de Deus, para quem essas coisas deixaram de ser uma questão de obrigação para se tornarem fontes de alegria: por isso é que o justo não precisa de lei. Temos aqui também a explicação das palavras de Cristo, que disse ter vindo não para destruir a Lei de Moisés, mas para realizá-la

---

60. *Delectabit sane non tam nostra vel sopita necessitas vel sortita felicitas, quam quod eius in nobis et de nobis voluntas adimpleta videbitur, quod et quotidie postulamus in oratione cum dicimus fiat voluntas tua sicut in caelo et in terra* (São Bernardo. *De Diligendo Deo*, X, 28).

(cf. Mt 5,17-20). Só esse amor pode satisfazer o preceito de Cristo que exige que ultrapasse a nossa justiça à dos escribas e fariseus (cf. Mt 5,20).

Sabia São Bernardo que um amor tão perfeito era como uma espécie de êxtase; e ele o encontrava por toda parte nos salmos. É esse puro e extático amor, amor de místicos esponsais da alma com Deus, que é significado pela palavra "justiça" no versículo: *Iustitia tua sicut montes Dei* (Sl 35)[61]. Esse amor é o *mons coagulatus, mons pinguis*, do Sl 67, na versão da Vulgata (a nova tradução o chama "monte altíssimo e alcantilado"). Esse puro e místico amor, continua São Bernardo, é a montanha de Deus no Sl 23 – no qual o salmista pergunta: "Quem pode subir à montanha do Senhor?" É, portanto, o termo da vida ascética que encontramos esboçado no meio desse salmo.

> Quem subirá à montanha do Senhor?
> Quem se manterá no seu lugar sagrado?
> O de mãos inocentes e puro coração,
> cuja alma não se inclina à vaidade
> e que não engana o próximo a jurar.
> Para ele a bênção do Senhor,
> a justiça de Deus, seu Salvador:
> é a raça dos que o procuram,
> dos que buscam, Senhor, a tua face!
> (Sl 23,3-6).

O lugar importante que esse salmo ocupa no prólogo da Regra de São Bento faz dele uma das pedras angula-

---

61. São João da Cruz dá interpretação semelhante de *iudicia Domini vera* (Sl 18,10-11). *A subida do Monte Carmelo,* II, 26.

res da espiritualidade monástica. É, portanto, interessante notar tudo que um santo de espírito monástico, como São Bernardo, sabia nele encontrar. Um minucioso comentário das pequeninas virtudes, aparentemente prosaicas, mencionadas nessas duas ou três linhas, revelar-nos-ia como os Padres do Deserto acreditavam ser a "pureza do coração" uma função daquele dom de entendimento, que é uma das chaves da contemplação mística[62].

2 Do louvor ao êxtase

Se, como ensinam os Santos Padres, esse puro e exático amor de Deus, que brota de um conhecimento dele tal qual é em si mesmo, é o segredo da contemplação, e se os salmos estão constantemente cheios desse amor, claro está que o saltério é uma escola de contemplação, igualada apenas pelo Evangelho e por São Paulo.

Mas os salmos gozam, de certo modo, de uma vantagem, se bem que acidental, sobre o Novo Testamento. Nós os *rezamos*. Juntos, nós os cantamos. Fazem parte de uma ação da qual toda a Igreja participa e, nessa ação, nessa oração, o Espírito de Amor que escreveu os salmos, e neles a nós se comunica, age em todos nós e nos eleva até Deus.

Para fazer dos salmos uma preparação à oração contemplativa, devemos esforçar-nos por rezá-los com o es-

---

62. Cf. Santo Agostinho. *De Sermone Domini in Monte.* Santo Tomás de Aquino, II-IIae, Q. 8, a. 7.

pírito e o coração puros, vivendo-os com uma caridade que louva a Deus como eles o louvam. Não há mais puro louvor a Deus do que o que se encontra nos salmos. Se fizermos nossa essa pureza, seremos como alvos que o fogo do Céu poderá atingir e consumir. E é esse todo o nosso desejo; é também o que Deus deseja para nós.

O espírito de louvor contido nos salmos outra coisa não é senão o êxtase de amor a Deus porque Ele é Deus. Incessantemente, dos versículos inspirados ecoa o estribilho: *Confitemini Domino quoniam bonus!* "Louvai ao Senhor porque Ele é bom, porque sua misericórdia é eterna…". Louvar, assim, a Deus, diz São Bernardo, simplesmente porque Ele é bom em si mesmo, é viver pela "lei da caridade, que é a lei de seus filhos" (*De Diligendo Deo*, XII, 34).

Está escrito que quando o Rei Salomão dedicou ao Senhor o Templo de Jerusalém, os Levitas e o povo louvaram a Javé cantando salmos e dizendo: "Louvai o Senhor porque é bom" e, imediatamente, "uma nuvem encheu a Casa de Deus" (2Cr 5,13). Essa nuvem, como lemos muitas vezes no Êxodo, era o sinal da presença divina e tornou-se o símbolo tradicional da contemplação mística[63]. Assim também quando, no templo de nossas almas, cantamos ao Senhor um puro louvor com palavras de seus salmos, podemos ter confiança de que Ele nos há de encher com esse dom de sua obscura e pacificadora presença, primeiro sinal da contemplação infu-

---

63. Cf. Ex 13,21; 14,20.24; 16,10; 24,16 [N.T.].

sa. O Senhor o fará quando nosso amor por Ele estiver suficientemente purificado, a ponto de excluir qualquer outra afeição.

O eco desse estribilho – *confitemini Domino quoniam bônus* – ressoa em todas as páginas do Antigo Testamento em que são relatadas as vitórias de Israel sobre os inimigos do povo de Deus. É o cântico de um povo unido a seu Deus, tal como Ele queria que fosse, nele colocando toda a sua confiança, não somente porque Ele é bom, mas porque só Ele é bom.

Todo o misticismo do Antigo Testamento – e especialmente o de Davi –, acha-se resumido nesse êxtase de louvor, e seu eco é a vida, chama daqueles salmos que, reunidos no *Hallel*, acenderam o fogo novo que havia de se tornar a Liturgia da nossa missa. Portanto esse louvor de Deus "porque Ele é bom e porque sua misericórdia é eterna" passou do Antigo Testamento ao Novo, e com todos os seus símbolos e tipos transfigurados. O cântico que ressoava nas praias do Mar Vermelho e brilhava sobre o deserto sombrio, nos acampamentos de Israel, jorrou do sepulcro com Cristo revestido de novo e invisível esplendor e subiu, com Ele, do Monte das Oliveiras ao Céu, onde é, ao mesmo tempo, a visão, o amor e o louvor de todos os bem-aventurados.

Esse místico amor é um cântico de vitória, não apenas no sentido de que segue e comemora todas as nossas vitórias, mas também no sentido de que, em si mesmo, tem o poder de derrotar nossos inimigos espirituais, colocando a vitória em nossas mãos. Porque a Igreja o canta sem cessar, as portas do inferno não podem prevalecer contra ela. Mas se, por vezes, parecem prevalecer, é, talvez, porque os membros do seu exército militante, que têm por missão cantar os salmos aqui na Terra, carecem da luz e da pureza necessárias para penetrar-lhes o espírito. Não conseguem derrubar o inimigo porque com os lábios formam as palavras, mas sem realizarem e sem viverem o puro amor que elas significam.

Porém não foi assim no dia em que o Rei Josafá orou a Deus e, guiado pela voz de um profeta, conduziu o exército de Judá contra Moab, Amon e Seir, cantores à frente, Levitas salmodiando e fazendo ressoar no deserto o som das trombetas:

> E levantando-se pela manhã, marchava pelo deserto de Técua e, quando se puseram a caminho, Josafá, estando em pé no meio deles, disse: Ouvi-me, homens de Judá e todos os habitantes de Jerusalém: Ponde a vossa confiança no Senhor vosso Deus, e nada tereis a temer; crede nos seus profetas e tudo vos correrá bem. E fez depois as suas advertências ao povo, e estabeleceu os cantores do Senhor, para o louvarem por suas turmas, e para marcharem diante do exército, e dizerem a uma voz: louvai o Senhor, porque a sua misericórdia é eterna (2Cr 20,20-21).

Contam-nos, ainda, as Escrituras o sucedido. Enquanto Judá, no deserto, cantava, os exércitos de Moab e Amon se insurgiam contra seus aliados do Monte Seir e os massacraram. Em seguida, lançaram-se uns contra os outros em seu próprio acampamento. Tendo, pois, chegado o exército de Judá ao ponto de onde se avista o deserto, viu, de longe, que toda a campina estava juncada de cadáveres e que não restava nenhum que tivesse escapado à morte (2Cr 20,24).

É o que sucederá, um dia, à Igreja, quando seus levitas houverem penetrado a simplicidade dos salmos, neles encontrando sua força, que é Cristo, e quando tiverem perdido a si mesmos na contemplação e no puro amor de Deus, contra o qual nada pode prevalecer, pois aqueles que provam dos frutos do Espírito não estão submetidos a lei alguma (Gl 5,23).

Cantar os salmos com esse espírito é unir-se à Liturgia do Céu. É louvar a Deus com uma parcela do amor com que o louvam os espíritos bem-aventurados. A tradição nos ensina que a vida monástica leva o monge a uma estreita participação da vida dos anjos e dos santos no Céu. Na cidade celeste todos são um, em virtude do puro amor que os une a Deus. É, portanto, acima de tudo, essa caridade que nos é pedida quando vamos ao coro cantar salmos.

O comentário de Santo Agostinho sobre o Sl 53 contém um trecho que bem pode resumir tudo que aqui temos dito sobre a liberdade dos filhos de Deus, a qual é a recompensa do puro amor e nos abre o Paraíso, mesmo se permanecermos no exílio aqui na Terra.

Qual é o mistério do Sl 53? Cantou-o Davi na ocasião em que Deus o livrou das mãos de Saul. Davi – "tipo" do Cristo e, portanto, personificação do Cristo Místico e de cada membro desse Cristo – foge para Ceila com 600 homens, depois do que "foi habitar do deserto, nas fortalezas, vivendo sobre uma montanha no deserto de Zif, num bosque elevado" (1Sm 23,14).

Diz Santo Agostinho que Davi, ocultando-se nas florestas de Zif, representa Cristo oculto no deserto deste mundo. Os Zifitas representam aqueles que não reconhecem o eleito de Deus nesse homem que não tem poder temporal e está condenado a fugir diante de Saul, príncipe deste mundo. Em seu desprezo pelo santo, procuram entregá-lo a Saul e enviam mensageiros ao Rei de Gabaá: "Vede se Davi não se esconde entre nós, nas fortalezas dos bosques do Monte Hacila à direita do deserto". Ordena-lhes Saul que voltem e observem os movimentos de Davi, enquanto prepara um forte contingente de homens para cercá-lo e tomá-lo de surpresa na floresta.

Vindo a sabê-lo, Davi se muda com seus guerrilheiros para o deserto de Maon. Saul vem-lhe ao encalço e faz-lhe cerco. A situação de Davi é tão desesperadora que, humanamente, não vê meios de salvação. Nesse momento, porém, um mensageiro anuncia a Saul que os Filisteus invadiram seu reino. Saul retira-se com o exército e Davi é salvo.

O Sl 53 contém, ao mesmo tempo, a oração de Davi pedindo auxílio e a sua ação de graças a Deus por tê-lo ouvido. Todo o ocorrido acha-se resumido nesse curto salmo, em que a oração e a sua resposta estão unidas sem transição, porque quando a Igreja ora, já está atendida.

"Ah! canta Davi, Deus é meu auxílio, o Senhor é o arrimo de minha vida... Ofereço-te por livre-vontade um sacrifício, quero cantar ao teu nome, Senhor; sim, ele é bom!" (Sl 53,6-8). O versículo que mais nos interessa aqui é este: *ofereço-te por livre-vontade um sacrifício*. Qual o sentido da palavra *livremente*? Já conhecemos, agora, alguma coisa da teologia cristã da liberdade, que é a liberdade espiritual do puro e extático amor, que se realiza na união da alma com Deus na contemplação e na união mística. Pergunta Santo Agostinho: "Quem pode compreender esse dom espiritual *(hoc bonum cordis)* quando dele alguém ouve falar, se já não o saboreou? E o explica, acrescentando como os que o conhecem por experiência compreenderão suas palavras e os que não experimentaram esse puro amor devem orar a fim de alcançá-lo para que, também eles, possam saber o que é.

Diz ainda Santo Agostinho, que a perfeição do sacrifício acha-se na liberdade, que o torna gratuito e puro. Essa pureza, ainda que não pense em si nem em seus próprios interesses, não fica sem recompensa. Ela própria é sua recompensa. Esse puro louvor, esse "livre-sacrifício", consiste em louvar a Deus, não apenas porque estamos encantados com favores recebidos ou a receber, mas porque estamos arrebatados por Ele, o doador de todos os dons. E esse arrebatamento encontra-se no próprio louvor. Nós nos regozijamos louvando-o, porque o louvor é a nossa alegria. *Gratis amo quod laudo. Laudo Deum et in ipsa laude gaudeo*[64].

---

64. *Enarratio in Psalmum* 53, Parágrafo 10.

Se louvássemos a Deus unicamente para dele obter alguma coisa, nosso louvor dependeria do dom que Ele nos fizesse. Dependeria, portanto, de uma incerteza, pois se Deus jamais deixa de atender às nossas orações, não nos concede, necessariamente, exatamente aquilo que lhe pedimos. Se, portanto, nosso louvor depende de uma incerteza, está limitado por uma restrição. E se tiver limites, o coração com que oramos a Deus tornar--se-á também estreito e limitado por causa da restrição imposta por nosso próprio desejo, que está concentrado em algo menor do que o Deus infinito. Nosso louvor, então, não será perfeitamente "livre". Estará acorrentado, preso pelas restrições do nosso próprio coração. Ora, não podemos oferecer a Deus louvor perfeito e perfeito sacrifício se permanecemos prisioneiros de nossa própria insignificância. "Como cantarmos ao Senhor em terra de estrangeiros?" (Sl 136,4).

É essa a razão por que tantas vezes nos achamos às margens dos rios da Babilônia a cantar nosso saltério em lugar de cantá-lo no alto das torres de Sião. Não há que admirar se nosso ofício não é contemplação. "Não alamos daquela terra", suspendemos nossas harpas; isto é, penduramos nossa oração às raquíticas ramagens dos desejos humanos. Nossa contemplação é algo de acinzentado e poeirento. Pende, inanimada, sobre alguma coisa de um verde pálido, de raízes curtas, plantada na lama de um rio amarelento. Brilha num coração que é não a janela escancarada ao Céu, mas um cárcere barrento, repleto de desejos humanos concentrados no transitório.

> Se louvais a Deus para que Ele vos dê alguma coisa que não Ele próprio, diz Santo Agostinho, não o amais livremente. Se vossa esposa vos amasse por causa do vosso dinheiro, far-vos-ia enrubescer. Se ficásseis pobre, ela poderia procurar outro companheiro. Ora, se quereis que vossa esposa vos ame livremente pelo que sois, por que amais a Deus por outro motivo que não Ele próprio?[65].

A aplicação dessa lição é mais sutil do que possa parecer ao leitor. Não falo naqueles cuja intenção principal, na oração a Deus, é obter saúde, satisfações ou dinheiro. Essas intenções nada têm de culpável. É, de fato, verdade que devemos pedir a Deus tudo aquilo de que precisamos, pois Ele assim ordenou, mas há um modo perfeito de assim orar que repousa em Deus e não em nossa intenção temporal.

---

65. Notai que não há pecado em *não* amar a Deus gratuitamente. Mas essa "liberdade" é a perfeição do amor.

V
À sombra de tuas asas

1 Escuro relâmpago

A contemplação é um dom de Deus pelo qual a alma, purificada por seu amor infuso, sente, repentina e inexplicavelmente, a presença de Deus dentro de si mesma. Esse conhecimento experimental de Deus brota do fato de ter a pura caridade reformado em nós a semelhança de Deus; nossa alma tornou-se um espelho, criada que foi unicamente para refleti-lo.

A contemplação, porque produzida pela graça de uma íntima união em Cristo, que é o Filho de Deus por natureza, é, essencialmente, participação plena e madura à sua filiação divina. Na contemplação conhecemos a Deus formalmente como nosso "Pai", isto é, não somente como nosso Criador na ordem natural, mas também como a fonte viva, íntima e ativa da nossa vida sobrenatural.

A contemplação é a nossa resposta pessoal à presença e à atividade mística dele em nós. Compreendemos, subitamente, que estamos diante da fonte infinitamente rica de todo ser e de todo Amor. E, ainda que não o possamos literalmente "ver", pois nosso encontro ocorre na noite obscura da fé, há, no entanto, no mais profundo centro do nosso ser, no próprio ápice espiritual da nossa vida, qualquer coisa que salta da alegria ao contato do ser do onipotente. A centelha em nós produzida ao toque do dedo de Deus faz nascer uma chama abrasadora que se estende para proclamar sua presença em cada fibra do nosso ser e para louvá-lo até a medula dos nossos ossos.

De modo geral, esse "conhecimento experimental" de Deus pelo contemplativo se realiza em dois planos distintos. Quando Jesus se encontrou com os dois discípulos no caminho de Emaús, na tarde do primeiro domingo de Páscoa, "os seus olhos estavam como que presos e não o puderam reconhecer". Entretanto, "seus corações se abrasavam quando Ele lhes falava pelo caminho, explicando-lhes as Escrituras". Chegando à aldeia, Jesus, compelido pelo ardente amor deles, sentou-se à mesa para "com eles romper o pão"; então seus olhos se abriram e eles o reconheceram, mas Jesus desapareceu (Lc 24,16; 32,31). O primeiro desses encontros evoca a experiência comum chamada "fé viva". O segundo oferece boa analogia com a contemplação chamada propriamente mística[66].

Embora a fé resida, de modo formal, na inteligência, é, contudo, percepção de Deus impregnada de afetividade. De um lado, o Deus que apreendemos pela fé é, ao

---

66. Desejo unicamente fazer legítima aplicação deste texto evangélico. Ainda que o primeiro exemplo usado seja provavelmente uma expressão literal da experiência da "fé viva", o segundo não é precisamente o que significo por contemplação mística, já que foi, provavelmente, uma graça de ordem das *grattiae gratis dattae* e, em todo caso, uma visão. A contemplação mística que aqui nos interessa é uma experiência de Deus na escuridão, um "reconhecer" que não se atinge por meio dos sentidos da instrumentalidade de qualquer espécie, inteligível ou não. O segundo exemplo evangélico, portanto, é utilizado aqui apenas como analogia.

mesmo tempo, Verdade infinita e Amor infinito; e, por outro lado, a fé que o atinge é um ato da inteligência movida pela vontade que ama. Portanto na prática a "fé viva" é uma fé que responde, obscuramente, à realidade de Deus por um movimento de amor. A fé está penetrada de amor. Só estabelece um contato vivo entre a alma e Deus na medida em que está vivificada pela caridade. Quanto mais intenso for, porém, o amor que nos move a buscar a Deus sob as formulações analógicas da verdade revelada, tanto mais vital será a firmeza de nossa adesão à realidade oculta de Deus.

Portanto, na experiência da fé viva, nossos olhos estão "como que fechados", já que o intelecto se acha na obscuridade e dá seu assentimento, sem provas intrínsecas, às verdades que nos são propostas. Não compreendemos como Deus está perto de nós e, no entanto, "nossos corações se abrasam" por causa da intensidade do nosso amor.

Esse ardente amor constitui-se como uma experiência indireta de Deus. A alma interior, sem compreender ainda tudo que essa experiência significa, toma consciência, por uma espécie de reflexão simples sobre esse intenso amor, de que se deve tratar de um sinal ou um efeito da presença de Deus. E, então, ela o busca, com um ardor mais ou menos consciente e esclarecido, nas páginas da Sagrada Escritura, especialmente, nas orações da Liturgia e nos versículos dos salmos. Descobre, sem demora, que não há quase uma só linha no Ofício Divino, uma palavra sequer na missa, que não possa, de um momento para outro, despertar esse amor interior que trai, silenciosamente, a presença de Deus. Essa "fé viva" torna-se, então, habitual. Transforma o Ofício Divino, de hábito rotineiro em alegria constante. A fé viva nos prepara à contemplação.

A experiência que acabo de descrever não é, em sentido próprio, contemplação. É apenas uma forma de contemplação "disfarçada" ou "velada" – uma contemplação que não está plenamente desenvolvida nem consciente de suas próprias potencialidades. Contudo é de todo suficiente para fazer da recitação do Ofício Divino uma oração contemplativa em sentido largo. Vivifica a nossa oração coral com "descobertas" frequentes de Deus em suas palavras inspiradas. Exercita-nos a perceber suas idas e vindas em nosso próprio coração. Dá-nos olhos para sabermos penetrar o sentido profundo dos salmos e coloca-nos sob a íntima ação do Espírito Santo, sempre desejoso de nos conduzir a uma penetração cada vez mais profunda dos mistérios de nossa redenção.

Enfim, esses movimentos de fé obscura e amorosa em breve tomam posse do nosso espírito e do nosso coração. Se formos prontos a responder aos seus impulsos, veremos que nos retêm e nos prendem, amorosamente, por longos momentos, deixando-nos sem pensamentos, sob o seu encanto. Assim, passamos, fácil e espontaneamente, grande parte do nosso Ofício nesses tranquilos e suaves transportes de ameno repouso, pairando pelos versículos dos salmos, o coração absorto num simples olhar sobre o Deus invisível, mas próximo, cujo amor nos retém cativos por seu encanto que nada tem deste mundo.

Mas pode também suceder – e isso é mais raro – que, sob a pressão de muito grande amor, ou na treva do nosso ser, ou no êxtase de uma súbita e esplêndida alegria que não pertence a este mundo, seja a alma elevada para fora de si mesma. Encontra-se face a face com o Cristo dos salmos, em uma experiência que pode ser comparada ao clarão de um escuro relâmpago, a um trovão na superfície de um abismo: "Seus olhos se abrirão e ela o reconhecerá, mas Ele desaparecerá" (Lc 24,31).

Esse clarão momentâneo de reconhecimento não é produzido na alma por uma espécie criada ou imagem. É o clarão de uma chama nela bruscamente acesa pelo contato direto da substância da alma com o próprio Deus. Num terrível instante que pertence não ao tempo, mas à eternidade, a alma toda se vê transverberada e iluminada pela tremenda escuridão que é a luz de Deus. Do abismo dessa escuridão fala a voz do Cristo eterno e, ainda que não possamos dizer que "vemos", experimentamos realmente aquilo em que antes apenas acreditávamos, e "sabemos" que "Ele está no Pai e nós nele e Ele em nós"[67].

---

67. Temos aqui mais um dos textos-chave na teologia mística do sermão de Cristo na Última Ceia. "Naquele dia vós conhecereis que eu estou em meu Pai, e vós em mim, e eu em vós" (Jo 14,20). Não falamos aqui de uma iluminação formal da inteligência tal como gozam os eleitos no Céu. Não se trata de uma intuição imediata de Deus como é em si mesmo face a face, mas uma experiência imediata de Deus por contato de amor, no escuro.

Por vezes é concedido a uma alma, em uma experiência de amor que é absolutamente terrível, entrar profundamente no mistério da Paixão de Cristo, tal como nos é apresentada pelo Espírito Santo nos salmos. Em tais momentos pode ela experimentar algo do que falou São Paulo. O texto que tenho em mente é a chave da Liturgia da Semana Santa, pois se acha no início da Epístola do Domingo de Ramos; retomado no Gradual da Quinta-feira Santa, ocorre repetidas vezes na antífona de todas as horas canônicas, desde Quinta-feira até o Sábado Santo:

> Tende em vós os mesmos sentimentos que (houve) em Jesus Cristo, o qual, existindo na forma [ou natureza] de Deus, não julgou uma rapina ser igual a Deus; mas aniquilou-se a si mesmo, tomando a forma de servo, humilhou-se a si mesmo, feito obediente até à morte, e morte de cruz. Por isso também Deus o exaltou e lhe deu um nome que está acima de todo o nome... (Fl 2,5-10).

Hoc enim sentite in vobis. A antiga expressão "tende em vós esse mesmo espírito" talvez não revele tudo que São Paulo quer dizer. Temos de experimentar o que Cristo experimentou; o mesmo nos deve suceder. Temos de vivê-lo, ou melhor, Cristo deve revivê-lo *em nós*. E que deve Ele reviver? É esse *aniquilar-se*, o dar-se totalmente, até que tenhamos também nós que exclamar: *Consummatum est!* "Cercaram-me touros numerosos, touros de Basan me rodearam. Escancaram contra mim suas bocas; como leões, rugem de avidez. Estou como água derramada e meus membros estão desconjuntados. Tornou-se-me o coração como cera, derrete-se dentro do meu peito. Seca tenho a garganta como barro cozido, gruda-se a língua ao paladar, o pó da morte está nos meus lábios" (Sl 21,13-16).

Por vezes pode acontecer que também nós, por amor a Cristo, provemos esse pó da morte. Sabemos, assim, um pouco, como Ele soube, o que seja estar "derramado como água".

É a terrível experiência de se ver lentamente virado pelo avesso. É o horrível sabor de uma humildade que não é apenas uma virtude, mas a extrema agonia da verdade. Essa espantosa expropriação, inexorável exposição de nossa aterradora nulidade, faz-se sob a luz penetrante da palavra revelada, luz da verdade infinita. Mas há algo ainda muito mais terrível: achamo-nos como se eviscerados por nossa própria ingratidão, sob o olhar da misericórdia.

É essa a experiência que atravessará quem acreditou ter virtude, pensou ter certo "grau de oração" e talvez realmente amar a Deus, sendo seu bom amigo e que, um dia, é chamado a juízo para ser purificado de tudo quanto, em seu sonho, é demasiadamente humano. Não tem por onde fugir, vê-se acusado, ferido, esvaziado de si próprio pela vergonha que experimenta à lembrança do que é. Deus parece ocultar-lhe a face. Parece não mais lhe estender a mão protetora, e todas as coisas que amava e que não eram de Deus se esvaem como sombras com a perda da divina presença.

Esse vácuo, essa sensação de aniquilamento espiritual, partilha de todos nós, como homens nascidos e envelhecidos no pecado, Cristo tomou sobre si quando não lhe era devido. Esvaziou-se de todo seu poder e de sua glória para descer às profundezas glaciais e tenebrosas onde, rastejando, havíamos nos ocultado e onde jazíamos em cego desespero.

Mas porque Cristo desceu a essa "terra-de-ninguém" do pecado, à nossa procura e para nos levar de volta ao seu Reino, podemos descobrir o Deus Vivo na própria escuridão do que parece ser sua total ausência. E o que mais é: pode ser que o encontremos com maior realidade lá do que quando pensávamos vê-lo à luz do nosso dia crepuscular.

Assim, pode suceder a uma alma iniciar a recitação de um salmo que se aplique à Paixão de Cristo – por exemplo, o Sl 87. É um dia em que parecemos estar enterrados vivos sob um fardo inumano de tentações. Talvez soframos também de doenças, desolações físicas ou morais, mas, pior do que tudo isso, é a inevitável visão da nossa própria e quase infinita capacidade de mesquinhez e degradação: "Senhor, meu Deus, por ti clamo de dia e de noite, diante de ti elevo meu brado. Chegue a minha oração à tua presença, e ao meu clamor inclina os teus ouvidos! Pois minha alma é saturada de sofrimentos e minha vida se aproxima da morte… Atiraste-me na mais profunda cova, nas trevas, nos profundos sorvedouros. Pesa sobre mim o teu furor; tu, com todas as tuas ondas, me acabrunhas. Afastaste de mim meus amigos, fizeste que eu só lhes cause nojo. Aprisionado estou sem mais poder sair" (Sl 87,1-4,7-9).

Praticamente, é esse o único salmo que termina num tom de total abatimento. Contém pálida chama de esperança, mas é abafada pela fria escuridão de uma aparente recusa, e assim termina: "Por sobre mim passaram tuas iras ardentes e teus temores me aniquilaram. Como águas cercam-me todo o dia e assediam-me conjuntamente. Afastaste de mim amigo e companheiro; só as trevas me fazem companhia". E é só, o salmista se cala.

No entanto, em certo momento e em um salmo desses, a alma, abraçando e compreendendo na negrura do seu próprio espelho a pavorosa escuridão da revelação, vê-se confrontada, no mais profundo do seu ser, com o semblante de Cristo crucificado. É mais do que um encontro. É uma identificação. Entramos num batismo de trevas no qual nos identificamos com sua morte. Mas morrer com Cristo é ressuscitar com Cristo, pois não podemos com Cristo morrer sem que nossa vida esteja com Ele oculta em Deus (Cl 3,3). Ainda que exista diferença entre a graça da Paixão de Cristo, pela qual somos libertados do pecado, e a graça da sua Ressurreição, que nos comunica a vida sobrenatural, na realidade ambas são derramadas sobre nós na maravilhosa noite em que a Liturgia canta o *Exsultet*[68]. Essa noite de mistério em que ressuscitamos com Cristo oculto é o

---

68. *Missal Romano.* Bênção do Círio Pascal: Sábado Santo.

Mar Vermelho espiritual que os salmos jamais cessaram de cantar. Entramos nele agora, na verdade, e o atravessamos para sermos nutridos por Deus com seu próprio corpo, no deserto.

É nessa noite que encontramos Aquele que é o caminho, a verdade e a vida. Sabemos, agora, que essa escuridão que parece aniquilar-nos não é treva de morte e, sim, se tal expressão pode ser compreendida, treva de vida. As ondas de luz que derramam sobre a Igreja toda, desse cimo de montanha que é a alma do Salvador Ressuscitado, cegam-nos por sua pureza intensa e, ainda que essencialmente luz, submergem-nos em trevas. A noite do espírito, portanto, já é participação à Ressurreição. Se me fosse permitido esse paradoxo, diria que essa morte pavorosa é um antegozo da glória.

Começamos, então, a entrever que a noite na qual parecemos estar perdidos é, afinal, a proteção da sombra das asas do Altíssimo (Sl 16,8). Se Deus nos mergulhou nessas trevas é porque deseja proteger-nos com extremo cuidado e ternura, ou, nas palavras do salmista, "como a pupila dos seus olhos" (Sl 16,8)[69]. A vida nova da alma unida com Cristo em seu mistério é algo demasiadamente delicado e tenro para ser exposto aos olhos da multidão, que poderia abrigar inimigos. Assim, Deus isolou a alma numa vasta e silenciosa solidão interior, a solidão do seu próprio coração, em que olhar humano algum penetra e na qual até ela mesma nem pode mais

---

69. Comparar: *Breviário cisterciense.* Versículo em Completas.

se ver. As profundezas dessa solidão, é verdade, abrem-se e fecham-se com a rapidez do raio, porém a alma permanece envolta e penetrada pelo vácuo divino, saturada da imensidade de Deus, cheia da voz viva do silêncio no qual seu Verbo é eternamente proferido.

A proteção das trevas e do silêncio é extremamente necessária à alma, que começa a arder ao contato desses toques do Espírito de Deus. Se se aproximasse daquele que é a vida sem estar enclausurada e oculta nessa mesma vida, achar-se-ia cheia de tal poder que não seria capaz de suportá-lo, sendo consumida por um ardor que não conseguiria controlar. Pois quando a alma conheceu assim divinamente a Deus, a lembrança desse encontro, às vezes despertada pelos versículos dos salmos, torna-se tão abrasadora que ela não a pode suportar.

Nesse grau de oração, pode suceder que altas vagas de inspiração se ergam, aniquilando a mente sob o peso de uma exigência sobre-humana. Mas não temos auxílio algum de Deus para enfrentar essa exigência, pois não se trata da onda do seu poder e, sim, de uma ressaca sobrevinda depois que Ele passou.

Estreitados no punho cerrado desse mar de amor enfurecido, que nos brutaliza e que não é nem humano, nem divino, e parece elementar em sua brutalidade, somos submergidos, como se estivéssemos nos afogando, até que Deus nos retome, mantendo-nos no fundo, não do mar, mas do mistério da sua eternidade; só lá podemos respirar.

Essa ressaca passa também pelos salmos. Tende a nos atacar principalmente quando a Palavra de Deus solicita nossa mente e nossa vontade por meio das cerimônias da liturgia e da salmodia. Esses auxiliares da oração, que no início nos sustentavam e à medida que progredimos na fé viva e na oração de quietude passavam despercebidos, que eram fontes de luz e nos levavam à íntima união com Cristo em seus mistérios, agora se voltam contra nós como Golias[70] e não temos pedras nem funda para um contra-ataque.

É esse o momento em que cada versículo dos salmos projeta luzes de que não mais precisamos, falsas e tremendas inspirações que extenuam a alma e em nada contribuem para sua paz. A alma parece não encontrar refúgio onde delas se possa abrigar. Sobre ela se atiram, de todos os lados, como um exército; impossível resistir. Só há salvação nas trevas, proteção que só nos pode vir da mão de Deus sobre nós estendida. Precisamos dessa proteção, cada vez mais lhe sentimos a necessidade, pois também os demônios compreendem nossa situação. É de vantagem para eles destruir-nos e extenuar-nos com falsas luzes e arrebatamentos de sua própria invenção.

É esse o período em que a alma, demasiadamente resistente em prejuízo seu, capaz de suportar com muita facilidade a irresistível suavidade de êxtases seminaturais, está em perigo de enveredar pelos caminhos da falsa mística. A oração tornar-se-á uma orgia, a Liturgia um tumulto de profecias e exaltação carnal.

---

70. Cf. 1Rs 17,1-52 [N.T.].

A característica de toda essa falsa aparência é a violência. Está marcada com os selos da contenda, da brutalidade, da tensão. Aí estão as pegadas espirituais do demônio que, se não consegue enganar a alma com falsos arrebatamentos, em breve arranca a máscara, lançando contra ela uma floresta repleta de terrores; vive-se, então, num pesadelo, no limiar da mais profunda treva, nossa única salvação nessa hora.

Nessa tribulação, o Senhor nosso Deus está sempre conosco, seja qual for nosso medo – *Cum ipso sum in tribulatione*. Palavras essas do Sl 90, cantadas todas as noites nas Completas monásticas[71], na hora em que as sombras descem sobre o claustro e os monges terminam seu dia de oração. "Com ele estarei na tribulação, eu o salvarei e o glorificarei" (Sl 90,15). Os anjos estão ao nosso lado, sustentam-nos para que nossos pés não tropecem na pedra. Não poderíamos atravessar a floresta em que se transformou, agora, nossa vida espiritual, se o poder de Deus não nos levasse para a frente, nos lugares em que pisamos sobre o áspide e a víbora sem jamais sentir-lhes a mordedura, sem jamais sofrermos algum mal! *Altissimum posuisti refugium tuum*. Fizemos do Altíssimo nosso refúgio. O flagelo nunca nos há de atingir.

Quais os horizontes que nos esperam, adiante, na subida para a Cidade de Deus, no Céu? Em nossa frente estão altos cimos, cheios de serenidade, neve e luz; ele-

---

71. *Completas* – Uma das sete Horas Canônicas contidas no Breviário. É a oração da noite [N.T.].

vam-se acima da tempestade. Estão longe. Quase nunca os vemos, de tal modo estão elevados. Mas erguemos os olhos para contemplá-los, pois lá é que vivem os santos – essas são as montanhas da santidade, de onde nos vem o auxílio. *Levavi oculos meos in montes unde veniet auxilium mihi* (Sl 120,1).

2 O silêncio dos salmos

Resta-nos um ponto a esclarecer. Neste livro temos insistido sobre o fato de que os salmos transformam-se com maior frequência em contemplação quando, por eles, conseguimos unir nossos sofrimentos aos de Cristo que, por sua vez, eleva-nos em seu triunfo até um ante-gozo de sua glória. Por que essa insistência sofre o sofri-mento? Não é ele o único tema do saltério.

Trazemos ao saltério a substância da nossa vida e a oferecemos a Cristo para ser transformada por Ele. Tudo é matéria para sacrifício. Contudo, sendo a vida nesta terra o que é, temos, todos nós, bastantes preocupações, sofrimentos e deficiências. Temos também alegrias. E não devemos deixar de oferecê-las a Cristo, unindo-as às dele. Porém insisto na importância que há em trazer-lhe nossos sofrimentos, porque são precisamente eles que Ele quer transfigurar em suas mais puras alegrias. Afinal, as verdadeiras alegrias da vida não nos vêm da sobrena-turalização, por um ato de pureza de intenção, de nossos pequeninos e frívolos êxitos humanos.

Entramos na verdadeira alegria pelo centro do nosso nada. É morrendo que encontramos a verdadeira felicidade, porque a nossa mais autêntica felicidade pertence ao Céu e só podemos entrar no Céu morrendo às coisas deste mundo. Portanto, é de todo normal que o tema do sofrimento, nos salmos, preste-se facilmente à união contemplativa, porque "é por muitas tribulações que devemos entrar no Reino de Deus" (At 14,21).

Mas temos, finalmente, a razão mais profunda da íntima correlação existente entre a Cruz e a contemplação no tema que nos é proposto diversas vezes pela Liturgia da Paixão. Cristo disse: "Se o grão de trigo que cai na terra não morrer, fica infecundo" (Jo 12,24). É por sua Paixão e Morte que Jesus reúne em seu coração os filhos de Deus, aqueles que o Pai lhe deu, dos quais nenhum há de se perder. E é quando Ele "está levantado da terra, que tudo atrai a si"[72]. É em sua Paixão que os conquista para si e adquire o direito de oferecê-los, todos, ao Pai, elevando-os à vida da graça e da glória. Foi morrendo por nós que Jesus nos atraiu, todos, ao triunfo de sua Ressurreição.

Tudo isso nos é exposto com clareza tão bela quanto aterradora, na inconsciente profecia do Sumo Pontífice Caifás: "Convém que morra um homem pelo povo, e que não pereça toda a nação. Ora, ele não disse isto de si mesmo, mas como era Pontífice daquele ano, profetizou

---

72. "E Eu, quando for levantado da terra, atrairei tudo a mim" (Jo 12,32), referindo-se à sua crucifixão [N.T.].

que Jesus devia morrer pela nação, e não somente pela nação, mas também para unir num só corpo todos os filhos de Deus que estavam dispersos" (Jo 11,50-52)[73].

Por isso é que a Cruz de Cristo é a chave dos salmos. O mistério do Corpo Místico, como tantas vezes insistiu Santo Agostinho, está no centro do saltério e é essencial ao seu uso adequado como oração. Os textos que acabamos de citar mostram a conexão que existe entre a Cruz e o Corpo Místico. É por isso que todos os outros mistérios do saltério brotam da Árvore da Cruz e estendem seus ramos sob o olhar do contemplativo; ora, desde que penetramos no mistério da morte de Cristo, a Ressurreição e a Ascensão ao Céu nos estão asseguradas.

De fato, sendo o mistério da morte de Cristo o mistério da unidade do seu Corpo Místico, entrando em sua morte nós o ajudamos a "atrair a si todas as coisas". Quando lhe estamos mais intimamente unidos pelo amor e ocultos no "segredo da sua face", somos, no mais autêntico sentido, apóstolos (Sl 30,21)[74].

Os que exercem maior poder na Comunhão dos Santos são aqueles que o Senhor "ocultou em seu tabernáculo, longe das línguas que discutem" (Sl 30,21). Não se trata aqui do silêncio exterior ou da vocação para o claustro, mas do silêncio interior do místico, seja qual for a senda que trilha no mundo. Pois pode suceder, e

---

73. Evangelho da Sexta-feira Santa.

74. *Abscondisti eos in abscondito faciei tuae.*

assim deverá ser, que, mesmo alguém que tenha de pregar ou ensinar, fique protegido da inanidade dos vãos discursos e mantenha seu coração como um santuário sagrado para a Palavra de Deus, oculta na urna da contemplação como o maná na Arca. Nesse mistério de que fala o salmista, das "línguas que discutem", há mais do que, à primeira vista, possa parecer.

As "línguas que discutem" simbolizam a confusão enviada por Deus aos que construíam a torre de Babel[75] tentando galgar o Céu por meio de um edifício por eles inventado; foram lançados nas trevas e dispersos pela diversidade das línguas (Gn 11,7). Babilônia, a cidade da divisão, cidade daqueles que "se amam a si mesmos a ponto de odiar a Deus"[76] nasceu da maldição, numa confusão de línguas. A Igreja, a cidade da união, a cidade dos que amam a Deus até o ódio de si mesmos, nasceu na efusão do dom das línguas.

No dia de Pentecostes, o Espírito Santo foi derramado em línguas de fogo e os apóstolos começaram a falar em diversos idiomas para que os homens pudessem ser chamados novamente à união e para que a separação aberta em Babel pudesse ser eliminada e sanada em Cristo e em sua paz. Porque há somente uma língua na Cidade de Deus, falada por todos, a língua da caridade.

---

75. Sobre a Torre de Babel (Gn 11,1-9), cf. Dom Estêvão Bettencourt. *Ciência e fé*. Rio de Janeiro: Agir, 1954. p. 223ss.) e Daniel-Rops (*op. cit.*, p. 80) [N.T.].

76. Santo Agostinho. *De Civitate Dei*, XIV, 28.

Aqueles que melhor a conhecem falam-na em silêncio, pois a Palavra eterna da verdade é proferida em silêncio. Se é proferida em silêncio, só pode ser ouvida no mais profundo silêncio. E seu Espírito, o Espírito de Amor, que procede do Pai e do Filho num eterno silêncio, é também derramado em nossos corações em silêncio.

Os salmos são mais do que uma linguagem. Contêm em si o silêncio das altas montanhas e o silêncio do Céu. É somente quando ficamos ao pé da montanha, sem subir, que se torna difícil distinguir a linguagem do saltério das línguas deste mundo; e Cristo se vê obrigado a viajar entre nós ainda como peregrino, disfarçado com nossas roupas andrajosas. O saltério só começa realmente a falar e a cantar em nós quando, guiados por Deus e por Ele elevados, subimos aos altos cimos do seu silêncio. Então os próprios salmos se tornam o tabernáculo de Deus, no qual, para sempre, estamos protegidos contra a febre da cidade dos negócios, da balbúrdia, das opiniões humanas, do louco carnaval que trazemos dentro dos nossos corações, a que os santos dos primeiros tempos chamavam Babilônia.

A Liturgia do Céu é perfeitíssima harmonia que, como a música das esferas, vê o canto transformado em silêncio. O saltério é o prelúdio dessa Liturgia. Um prelúdio já é, realmente, um começo. Nós, que cantamos os salmos, mantemo-nos nas antecâmeras do Céu. Esse é, de fato, o testemunho que escolhemos. Esta é a vocação cristã: iniciar na Terra a vida e a Liturgia do Céu.

São João, no Apocalipse, descreve os cânticos dos vinte e quatro anciãos e dos espíritos bem-aventurados. A Liturgia deles está repleta de ecos do saltério. São os mesmos temas, uma vez que já estão de posse dessa perfeita liberdade que os salmos prefiguram. Cantam a grande misericórdia de Deus, seu libertador, e, assim fazendo, ardem de glória, porque o veem e o amam tal qual Ele é. Com eles já entramos, ainda que obscuramente, nesse mistério. Já provamos o vinho de suas Bodas servido, em gotinhas, por momentos, em nossa Liturgia terrestre.

São o mesmo vinho, o do saltério e o do Céu; e são nossos porque há um só cálice no Céu ou na Terra, e esse cálice é, ele mesmo, o Céu. É o cálice que Jesus deu aos seus discípulos na noite em que lhes disse: "Desejei ardentemente comer esta Páscoa convosco" (Lc 22,15). Há só um mistério no Reino dos céus, que é a luz desse Reino e substitui a luz do sol, da lua e das estrelas. É, também, a luz do saltério e da Igreja na Terra, mesmo se brilha nas trevas. Sua luz é vinho. Foi desse vinho que Jesus disse: "Desta hora em diante não beberei mais deste fruto da videira, até o dia em que o hei de beber de novo convosco, no Reino de Meu Pai" (Mt 26,29). Nosso Senhor acabava de cantar os salmos do *Hallel* com seus apóstolos. Sabia que seu sangue correria como o silêncio através do nosso saltério.

Epílogo

"Orarei com o espírito", escrevia São Paulo aos Coríntios, "mas orarei também com a inteligência; salmodiarei com o espírito, mas salmodiarei também com a inteligência" (1Cor 14,15).

Da mesma maneira nós, quando cantamos os salmos, pois as palavras que nos são propostas pela Igreja têm por fim despertar as mais profundas potências do nosso ser e elevar-nos até Deus – ou melhor, mostrar-nos que, pela morte e pela Ressurreição de Cristo estamos, neste momento mesmo, em Deus, pois seu Reino já chegou e espera ser revelado em nós, seus filhos. Como será esse Reino revelado ao mundo se não for primeiro realizado em nós, já que em nós as Escrituras se devem cumprir?

O Espírito de Deus, derramando em nossos corações a caridade de Deus, faz-nos amar a santidade de Deus. Faz com que nos esforcemos para receber o dom da santidade que nos é oferecido, em Cristo, pela infinita misericórdia do Pai. O intenso fogo de oração que arde no coração do saltério é, portanto, um fogo de sacrifício, é o mesmo que consumir o Coração de Jesus e o levou por nós à Cruz. É também o mesmo que nos leva, alegre e triunfante, às portas da morte, por amor a Ele. Esse amor, essa casta e desinteressada paixão, que nos impele à solidão do deserto em busca de santidade, na renúncia a todas as coisas, é a chave para a compreensão do saltério porque é, ele próprio, a plena realização do saltério.

Diz São Paulo que o amor é a realização da lei. Ora, a Lei antiga, tomada em conjunto, é um tipo ou figura da nova Lei. O "sentido espiritual" da Lei antiga deve, portanto, ser procurado na caridade, que é a própria substância do Novo Testamento.

Frisa Santo Tomás o fato de ser o Novo Testamento mais do que um documento escrito. É a própria graça, viva e ativa, nos corações dos fiéis. É o Espírito Santo presente nas almas daqueles que com Cristo morreram e com Ele ressuscitaram. O Doutor Angélico cita Santo Agostinho: "As Leis de Deus, escritas em nossos corações, nada mais são do que a presença em nós do Espírito Santo"[77].

Daí podermos ousar dizer que a caridade – não como pálida abstração, mas como chama viva, insuflada em nosso ser pela presença e pela ação do Espírito Santo – é que nos torna capazes de sondar as profundezas do "sentido espiritual" da Sagrada Escritura. O que se acha oculto sob o sentido literal, não apenas um outro e mais secreto *sentido*, é, também, uma *realidade* nova e totalmente diferente: é a própria vida divina. Esse "sentido" das Escrituras nunca é apreendido quanto é apenas "conhecido". Deve ser possuído e vivido.

Deus não é plenamente conhecido quando o "conhecemos" somente pelo entendimento. É quando Ele toma posse de todo o nosso ser, unindo-nos a si, que melhor o conhecemos. Conhecemo-lo, então, não como uma ideia, mas além de toda a ideia, num contato de amor, numa experiência de quem Ele é, numa compreensão de que Ele,

---

77. I-IIae, Q. 106, a. I e Santo Agostinho. *De Spiritu et Littera.*

e só Ele, é nossa vida, e que sem Ele nada somos. Nossa alegria é nada sermos e sabermos que Ele é tudo.

Há tempos, Santo Agostinho pôs em evidência esse aspecto da distinção entre "letra e espírito". Sabia que a palavra de São Paulo: "A letra mata, é o espírito que vivifica", estava destinada a nos dizer mais do que a verdade evidente, segundo a qual certas passagens da Escritura têm um sentido figurativo ou típico. Não é somente quando nos dá a tentação de deixar de lado o sentido que a "letra" nos mata. Mesmo quando o sentido ("literal" ou "espiritual") é muito claro, mesmo quando apreendemos plenamente tudo quanto pode implicar, "mata" se não passamos além do *conhecimento* do que ele significa.

A Lei nos diz: "Não cobiçarás". Não há aqui sentido oculto. O sentido literal é evidente. Desejos egoístas são a raiz de todo o mal.

Mas, diz Santo Agostinho, conhecer essa verdade sem pôr nossa vida em conformidade com o mandamento de não cobiçar é ser *morto* por esse mandamento. Se nunca houvéssemos tido conhecimento de nossa responsabilidade, não poderíamos ser considerados culpados por não respeitá-lo em nossa vida. Para cumprir a Lei devemos estar mortos ao gênero de vida que a Lei visa matar e viver da vida nova que a Lei nos propõe. É uma questão de amor, não de conhecimento.

Todos conhecem os Dez Mandamentos. Poucos os guardam porque poucos os amam. Os homens não amam a Lei de Deus, porque acariciam, em sua carne, um amor contrário, uma lei contrária, que oprime e nega a Lei de

Deus. Conhecendo a Lei de Deus estão, na verdade, longe de a conhecerem, porque têm apenas a sabedoria da carne, que não pode sujeitar-se à Lei de Deus, está condenada a rebelar-se contra Ele porque, de antemão, recusou-se a amá-lo.

A Lei foi dada por Deus para manifestar a morte viva do pecado, não para curá-lo. Por isso o opúsculo *De Spiritu et Littera*, de Santo Agostinho, não é um tratado sobre os diferentes sentidos da Escritura, mas sobre a lei e a graça. Contém, no entanto, interessantíssimas insinuações sobre o sentido das Escrituras, porque a caridade é a realização da Lei. A Lei só pode ser compreendida quando é cumprida. Só pode ser cumprida se Deus expulsar a lei contrária, a lei do egoísmo e da cupidez, infundindo em nossos corações sua caridade desinteressada. Sem a graça, a "letra" da Lei, a verdade da Lei, serve apenas para nos condenar, pois mesmo se a compreendemos, não a vivemos.

Mas o "espírito", que é graça, enche-nos de caridade, dá-nos o poder de amar o que a Lei nos dita. Amando a verdade, somos capazes de vivê-la. Vivendo a verdade, nossas próprias vidas se tornam verdadeiras, nós nos tornamos o que devemos ser. Não existimos apenas, mas *vivemos*. Não somente ouvimos a palavra, mas a praticamos e, portanto, a *realizamos*. Vivemos em Deus. Deus vive em nós. Sua vontade se realiza em nós. Ele é manifestado em nós. É glorificado em nós.

Ora, isso não era possível antes que o Pai nos enviasse seu Filho, como propiciação dos nossos pecados. Diz Santo Agostinho:

> Quando o Espírito Santo não nos auxilia, inspirando-nos bons desejos para substituir os maus, isto é, derramando em nossos corações a caridade, é evidente que a Lei, por boa que seja, pelo próprio fato de ser interdição, só faz intensificar nossos maus desejos[78].

Sem o Espírito Santo podemos admirar a bondade de Deus e sua verdade. Podemos, mesmo, tentar vê-lo. Mas um amor que não é inspirado por seu Espírito e por Ele dirigido não pode atingir seu objetivo, mesmo se esse objetivo for Deus, pois somente Deus pode chegar até Deus. Por isso Ele enviou-nos seu Filho para ser o "Caminho". Temos, portanto, de receber seu Espírito, o Espírito Santo, Espírito de Jesus, que nos levará a Deus pelo poder de um secreto e espiritual deleite nas coisas de Deus, um gosto por sua verdade oculta, um amor que o encontra no mistério de uma presença que só é secreta porque é tão ofuscante em sua evidência que não podemos vê-la. *Accipiat homo Spiritum Sanctum quo fiat in animo eius delectatio dilectioque summi atque incommutabilis boni quod Deus est*[79].

A efusão do Espírito Santo é a realização da Lei, dos salmos e dos profetas. Quando Jesus apareceu para seus discípulos no Cenáculo, após sua Ressurreição, disse-lhes: "Era necessário que se realizassem todas as coisas escritas na Lei de Moisés, nos profetas e nos Salmos a Meu respeito" (Lc 24,44). Em seguida, "abriu-lhes o entendimento" e mostrou-lhes o "sentido espiritual" das Escrituras – assim como a "letra". Qual era essa realização? Não eram apenas a morte e a Ressurreição de Jesus –

---

78. *De Spiritu et Littera,* cap. IV.

79. *Id.,* cap. III.

essas estavam ordenadas a outro fim: sua vida em nós. Porém estava escrito que Cristo não só haveria de sofrer e ressurgir dentre os mortos ao terceiro dia, mas também que grandes coisas resultariam desses fatos: "que a penitência e a remissão dos pecados seriam pregadas, em seu nome, a todas as nações, a começar por Jerusalém".

A caridade dos santos é a realização das Escrituras. A efusão do Espírito Santo faz disso um fato e habilita aqueles em quem atua a compreendê-lo. "E sois as testemunhas destas coisas. E Eu enviarei sobre vós o prometido por meu Pai (o Espírito Santo); permanecei na cidade até que sejais revestidos da força do alto" (Lc 24,48-49).

Nós, que cantamos os salmos, temos a esperança de louvar a Deus. Melhor o louvamos se compreendemos aquilo que cantamos. Compreenderemos se estivermos, também nós, "revestidos do poder do alto". Quando o Espírito do Divino Amor faz arder nossas almas com o fogo da caridade, compreendemos, enfim, não ser necessário escalar o Céu para obrigar Cristo a descer até nós por meio de alguma técnica misteriosa de contemplação. A Liturgia não precisa trazer Cristo do Céu. Ela é a manifestação da sua presença e do seu poder na Terra. Não lhe cabe preparar nossos corações para um Reino futuro. Ela nos diz que seu Reino já se acha entre nós. *Regnum Dei intra voz est*. Acha-se estabelecido em todo o seu poder, no meio de uma humanidade sem Deus. O Céu está em nós e em redor de nós, mesmo que nos pareça vivermos no inferno.

Os salmos são a língua do seu Reino. Foram ditos por profetas aos que os podiam compreender, séculos antes do estabelecimento do Reino. Foram cantados enquanto eram realizados pelo Salvador pregado na Cruz, de modo que a voz dos salmos é a voz do próprio Cristo. Ele vive em nós, sendo, ao mesmo tempo, o Reino e seu Rei. E nós, quando colocamos suas palavras em nossos lábios, exprimimos não os nossos pensamentos, mas os dele, contanto que o Espírito da sua promessa viva em nosso próprio espírito e seja a fonte de onde brota o nosso canto.

Portanto, quando um cristão canta o Ofício Divino, se é plenamente cristão, isto é, se é alguém que chegou ao conhecimento de Cristo e experimentou o que significa viver no grande mistério de Cristo, que anseia por ver todas as coisas restauradas em Cristo, então não somente compreende os salmos, mas os *realiza*.

A penetração profunda e contemplativa dos salmos só pode ser atingida se eles forem realizados em nós. É ela a consciência dessa realização. Faz-nos ver nosso lugar no mistério de Cristo e nossa própria vocação para completar o que falta aos sofrimentos dele, no momento da história em que vivemos.

Mas os salmos são os cânticos da eternidade, uma vez que o Reino de Cristo não terá fim. Na totalidade simultânea da posse, e é isso o que significa eternidade, os salmos chegam a ter o prêmio juntamente ao sofrimento, à vitória no meio do combate. Iniciamos apenas a luta; contudo, se cremos naquele que vence o mundo, já vencemos, "porque todo aquele que nasceu de Deus, vence o mundo; e a vitória que vence o mundo é a nossa fé" (1Jo 5,4).

Leis, regras e métodos são para os que procuram conseguir algo para si; têm, portanto, o sabor das coisas deste mundo e de sua escravidão. Entretanto são necessários, mesmo aos que desejam tornarem-se filhos do Reino. Mas, apesar de tudo, não é tentando servir-nos dos salmos em benefício próprio que chegaremos, finalmente, à compreensão do saltério ou do Ofício Canônico. Embora os salmos nos sejam dados para nosso proveito, não basta pensar unicamente nisso; são, antes de mais nada, para a glória de Deus. Deus é mais glorificado naqueles que, por Ele, tudo abandonaram, e, nele, tudo encontraram. É quando dão mais glória a Deus que os salmos são, para nós, de maior proveito. Isso se dá quando compreendemos que a liturgia, não é a busca de alguma coisa que não temos, mas a celebração daquilo que já temos.

Os salmos são o *canticum novum*, o cântico novo, o cântico daqueles que renasceram numa nova criação, para os quais não há lei, pois, neles, Cristo realizou a Lei. Como, então, poderiam os salmos oferecer-lhes um método, uma técnica, isto é, uma "lei" para a contemplação? O verdadeiro sentido dos salmos é mais plenamente apreendido por aqueles que foram levados, por meio de uma experiência de Deus, para além de qualquer regra ou método. O cântico novo dos salmos é o cântico dos filhos de Deus, que não têm outra regra de vida senão Deus, seu Pai, que é, Ele mesmo, sua própria regra, sendo, portanto, também a deles. O amor de Deus é a regra de seus filhos. Fazem sempre aquilo que lhe agrada, de maneira que, para eles, não há lei; não que tenha sido abolida, mas porque foi, neles, perfeitamente realizada.

Clássicos da Espiritualidade

Confira outros títulos da coleção em

livrariavozes.com.br/colecoes/classicos-da-espiritualidade

ou pelo Qr Code

Conecte-se conosco:

f facebook.com/editoravozes

⭕ @editoravozes

✕ @editora_vozes

▶ youtube.com/editoravozes

🟢 +55 24 2233-9033

www.vozes.com.br

Conheça nossas lojas:

www.livrariavozes.com.br

Belo Horizonte – Brasília – Campinas – Cuiabá – Curitiba
Fortaleza – Juiz de Fora – Petrópolis – Recife – São Paulo